술술 읽히는 군주론

新譯 君主論

新訳 君主論

Original Japanese title: SURASURA YOMERU SHINYAKU KUNSHURON
by Niccolò Machiavelli, translated by Mitsuhiro Sekine
Japanese Translation © 2023 Mitsuhiro Sekine
Original Japanese edition published by Sunmark Publishing, Inc.
Korean translation rights arranged with Sunmark Publishing, Inc.
through The English Agency (Japan) Ltd. and CHEXXA Literary Agency

술술 읽히는 군주론

新譯 君主論

마키아벨리

세키네 미츠히로 엮음/ 이지은 옮김

HCbooks

엮은이의 말

니콜로 마키아벨리는 이탈리아 르네상스 시대의 정치 사상가이자 피렌체 공화국 정부의 관리로 활약한 인물이다. 1513년경에 집필한 《군주론》은, 인간 심리를 날카롭게 해석하고, 지배자와 통치자의 행동을 설명하는 명저로 지난 500년 동안 세계인의 필독서가 되었다.

마키아벨리는 귀족이자 법률가인 아버지 베르나르도와 어머니 바르톨로미어의 셋째로 1469년 피렌체에서 태어났다. 15세기 후반이라고 하면 이탈리아 여러 도시국가가 난립하여 마키아벨리의 조국인 피렌체 공화국도 격동기를 맞고 있었다.

15세기의 피렌체는 르네상스의 문화적 중심지로 황금기를 누리고 있었지만, 정치적으로는 격렬하고 복잡한 권력투쟁 속에 있었다. 메디치가·베네치아·나폴리 등의 이탈리아 제국, 교황을 중심으로 하는 로마 교황청, 프랑스,

스페인, 신성 로마 제국 등 다양한 세력이 이탈리아반도에서 패권을 다투고 있었다.

그 와중에 20대 후반에 피렌체 공화국 정부 관리로 채용된 마키아벨리는 외교와 군사 분야에서 요직을 역임한다. 지금으로 말하자면 외교관으로 다른 나라에 나가 군주들과 직접 협상을 벌이기도 했다.

마키아벨리는 정보 수집과 협상을 잘하는 매우 유능한 관료로 인정받았는데, 정국 변화를 계기로 일자리를 잃게 된다. 그러한 시기 실의에 빠져 피렌체 근교 산장에서 은둔생활 중 재기를 노리며 쓴 것이 바로 이《군주론》으로, 군주가 나라를 다스리기 위해서는 무엇이 필요한지, 어떻게 사고해야 하는지를 담고 있다.

르네상스 시대의 이상적인 군주에 관해 논한《군주론》

을 어떻게 21세기의 현실에 적용할 수 있을까?

이 책을 현대 사회에 적용해 보면 '리더는 무엇을 어떻게 생각하고 행동해야 하는가' 하는 것이 주제일 테지만, 《군주론》 속에는 리더에게 필요한 통치술만 적혀 있는 것은 아니다. 리더가 있다면 당연히 팔로워가 있고, 리더 위치에 있는 사람이 아니어도 처세술이나 협상술 등 이 책에는 일상생활에서 적용할 수 있는 비결이 많이 담겨 있다. 우리 주변을 보면 복잡하고 냉혹한 현실이 쉽게 눈에 들어오는데, 이 책을 읽으면서 '나'를 지키며 살아가기 위해서는 어떻게 해야 하는지 확실한 실마리를 발견할 수 있을 것이다.

권말 모토무라 료지 선생의 〈해설〉도 참조하면서, 부담 없이 읽기를 바란다. 책이 쓰인 르네상스 시대의 복잡한 정세로 인해 문맥상 더러 위화감을 주는 대목이 있고, 그 시대를 설명하는 '주(註)'가 많다는 이유 등으로 그동안 《군주론》 읽기를 꺼린 독자들도 있을 것이다. 이런 점들을 고려해 영어판을 기초로 한 본서에서는 '주'를 최대한 문장 중간에 넣어 쉬운 읽기를 우선시했다.

세키네 마츠히로(関根光宏)

읽기 전에

술술 읽히는 세 가지 포인트

1.《군주론》이란?

정치 사상가 마키아벨리가 저술한 책으로 1532년에 간행되었다. 역사상의 군주를 분석하고 〈권력의 획득과 사용법〉〈집단에서의 인간 심리와 집단 통치의 방법〉〈강한 조직을 만들고 유지하는 방법〉을 고찰한다. 〈시대를 불문한 불변적 리더십을 배울 수 있다〉라는 점에서 전 세계 경영자나 정치가들이 애독해온 제왕학의 고전이다.

2. 중요 인물

체사레 보르지아(발렌티노 공) : 제7장에서 등장. 냉정하고 침착하며, 목적을 달성하기 위해서라면 비도덕적 수단도 마다치 않고 이탈리아의 평정을 추진한 《군주론》의 모델로 여겨지는 인물. 당시 교황 알렉산데르 6세의 아들.

3. 전국시대의 이탈리아

《군주론》이 쓰인 당시의 이탈리아는 현재와 같은 하나의 통일국가가 아닌 다수의 국가가 분할되어 이탈리아반도 내에서 서로 패권을 다투고 있었다.

16세기경의 이탈리아

사보이 왕국
밀라노
베네치아 공화국
밀라노 왕국
제노바 공화국
루카 공화국
페라라 공화국
피사
우르비노
피렌체 공화국
시에나 공화국
교황령
코르시카
사르데냐 왕국
[베네벤토(교황령)]
나폴리
나폴리 공화국
팔레르모
시칠리아 공화국
시라쿠사

※ 본문 중 [ ]는 엮은이 주를 나타낸다. 본문 표현은 원칙적으로 원문 표현을 최대한 살렸다.

술술 읽히는

군주론

술술 읽히는 군주론

新譯 君主論

헌사

동서고금을 막론하고, 군주의 마음에 들려고 하는 자는 자신에게 가장 소중한 것이나 군주가 가장 기뻐하실 것으로 생각하는 것을 손에 들고 군주를 찾아갑니다.

실제로, 말이나 무기, 금빛 천 직물, 반짝반짝 빛나는 보석 같은 군주의 위대함에 걸맞은 물건을 바치는 모습을 눈으로 지켜봤습니다.

그래서 폐하, 저도 폐하를 섬기는 증거로 무엇인가를 선물하고자 했습니다.

하지만 제가 가진 재산 중에서 귀중하고 가치 있는 것은 이 시대를 살고 있는 나 자신의 경험과, 인간의 역사에 대한 고찰, 그리고 위인들의 행실을 통해 내가 배울 수 있었던 것뿐입니다.

그래서 오랜 시간에 걸쳐 쌓아 온 그러한 연구의 성과를 한 권의 책에 정리해 보았습니다. 그것을 지금 폐하께 바칩니다.

물론, 이 작은 책이 폐하께 바치는 선물로 적합하다고 생각하는 것은 아닙니다. 그래도 폐하께서는 너그러운 마음으로 이것을 받아 주시리라 믿습니다.

이렇게 말씀드리는 이유는, 이것을 읽어 주시면, 제가 엄청난 세월에 걸쳐 배울 수 있었던 일을 순식간에 이해하실 수 있기 때문입니다.

대체로 '글쟁이'라고 불리는 무리는 자신의 문장을 다양한 미사여구나 수사법, 심지어 희번드르르하게 달콤한 말을 사용해서 꾸미지만, 저는 이 책에서 그런 짓을 일절 하지 않았습니다. 그런 것으로 본서가 평가되어도 전혀 기쁘지 않기 때문이지요.

여기서 다룬 주제의 중요성, 그것을 논하기 위한 소재의 다양성을 평가받는 것이야말로 의미가 있습니다.

일개 백성 신분으로 이런 책을 쓴다고 해서, 거만한 사람이라고 오해는 말아 주세요.

풍경화를 그리는 화가는 산의 특징을 알기 위해 산 정상에 오르지만 때로는 평지에서 산을 바라보기도 합니다.

마찬가지로 백성을 이해하기 위해서는 '군주'가 되어야 하는 것처럼 군주를 이해하기 위해서는 '백성'이 되어야 할 필요가 있습니다.

폐하, 그런 저의 열정이 담긴 이 작은 선물을 부디 받아주십시오. 이 책을 속속들이 읽어보시면 폐하께서 자신의 운명과 자질에 따라 최고의 군주가 되시기를 제가 얼마나 간절히 바라고 있는지 아실 수 있을 것입니다.

그리고 만약 높은 곳에 오르신 폐하께서 이와 같이 낮은 저에게도 눈을 돌려주신다면, 제가 얼마나 부당한 운명에 놓아난 것인지도, 아시게 되지 않을까요.

제1장 ‖

통치, 그 수단의 종류

원제 ‖ 군주제에는 어떤 종류가 있으며, 군주국은 어떤 수단으로

정복되는가

예로부터 현재에 이르기까지 사람들을 통치해 온 국가는 모두 공화제나 군주제 중 하나를 취하고 있다.

군주제에는 특정 가문이 계속 권좌에 오르는 '세습형 군주제'와 '새로운 군주제'가 있다.

이 새로운 군주제도 두 종류로 나뉜다.

하나는 프란체스코 스포르차가 지배했던 밀라노처럼 완전히 새로운 나라가 되는 경우, 다른 하나는 스페인 국왕에 의해 병합된 나폴리 왕국처럼, 원래의 세습형 군주제 국가에 새로운 나라가 생기는 경우다.

이렇게 추가된 영토의 백성은 그 이전부터 군주 밑에서 생활하는 것에 익숙해져 있는 경우도 있고, 병합되기 전에는 자유롭게 살아온 경우도 있다.

나아가 새롭게 영토를 손에 넣는 수단으로 '자국의 무력' 혹은 '타국 무력', 심지어 '자국의 운이나 역량'을 꼽을 수도 있다.

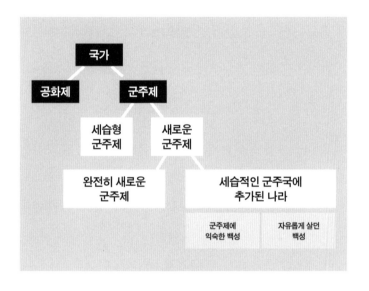

제2장

변혁은 '다음 변혁'을 수반한다

원제 | 세습형 군주국

공화제에 대해서는 이미 다른 저서에서 장황하게 논했기 때문에 여기서는 언급하지 않고, 본서에서는 군주제에 대해서만 다루고자 한다.

군주제란 어떻게 통치되고 어떻게 유지되어야 하는지를 순서대로 논하자.

우선 국가의 유지라는 측면에서는 새로 생긴 나라에 비해 군주의 핏줄이라는 세습에 기초한 나라가 훨씬 수월하다.

왜냐하면, 세습 군주가 자국을 유지하려면 조상 대대로 내려온 관습을 지키고, 뜻하지 않은 사태가 발생했을 때도 상황에 맞는 대처를 그때그때 하면 되므로 터무니없이 강한 적에게 영토를 빼앗기지 않는 한 군주의 지위는 무사하다.

만일 그 자리를 빼앗겼다 하더라도 빼앗은 자에게 어떤 재난이 닥치면 곧 다시 영토를 되찾을 수 있다.

예를 들면, 이탈리아의 페라라 공이, 1484년의 베네치아의 침공과, 1510년 교황 율리우스 2세의 공격에도 견딜 수 있었던 것은, 일가가 대대로 군주의 자리를 계속 지켜왔기 때문이다.

군주로 태어나면 사람들을 괴롭히거나 다치게 할 이유가 없다. 그래서 백성의 흠모를 받는다. 백성들은 군주에 대해 크게 반감을 갖지 않는 한 호의적일 것이다.

군주제가 끝없이 계속되고 있다는 것은 지금까지 변혁이 일어나지 않았고, 백성들이 변혁을 일으키려는 동기조차 가지고 있지 않다는 것을 의미한다.

왜냐하면, **변혁이란, 한 번 일어나면 반드시 다음의 변혁으로 이어지기 때문**이다.

제3장 ||

권력을 타인에게 준 자는
자멸한다

원제 | 혼성형 군주국

한편, '새로운 군주제'에는 여러 가지 문제가 있다.

우선 새로운 나라를 손에 넣음으로써 신구 영토를 아우르는 혼합형 국가에 관해 논하자.

'리더가 바뀌면 바뀐다'라는 믿음

혼합형 군주국에서는 새로운 군주제의 공통 난제로 정변이 일어난다. **공통 난제란 '지배자를 바꾸기만 하면 모든 것이 나아진다'라는 민중의 믿음**이다.

27

백성들은 무기를 들고 지금까지의 지배자에게 맞서지만, 그렇게 하면 좋아지리라는 것은 착각일 뿐이다. 백성들은 결국 모든 것이 이전보다 더 나빠졌을 뿐이라고 깨닫게 된다.

정변이 일어나는 또 다른 이유가 있다. 새로 군주가 된 자는 군사력을 이용하거나 많은 것을 획득하기 위한 파괴행위로 백성에게 특정 위해를 가할 수밖에 없기 때문이다.

그렇게 되면, 해를 입은 사람들은 군주의 적이 된다. 또한 군주의 자리에 올려준 사람들조차 기대에 어긋났다고 실망하여 편이 되어 주지 않는다. 그렇다고 해서 은혜를 입은 사람들에게 강경한 조처를 할 수도 없지 않겠는가.

아무리 강력한 군사력을 보유하고 있다고 해도 쳐들어간 지역의 주민들이 호의적으로 받아들이지 않으면 잘 성사되지 않는다.

프랑스 국왕 루이 12세가 영주 루드위코로부터 밀라노를 빼앗고도 금세 영토를 잃은 것도 거기에 원인이 있었다.

밀라노 주민들은 시문을 열고 루이 왕을 맞아들였지만 전혀 기대에 미치지 못하고 행복하지도 않다는 것을 알자, 새 군주의 횡포를 참을 수 없게 됐다.

이에 루드위코는 당시 가진 병력만으로 곧바로 밀라노를 루이 왕으로부터 되찾을 수 있었다.

반란은 잘 다루면 '안정'으로 바뀐다

그런데 **한번 반란이 일어난 나라를 다시 빼앗았을 때는 그 나라를 쉽게 잃지 않게 된다.**

설사 또 반란이 일어나더라도 당장 반역자들을 벌하고 의심스러운 인물을 적발해 자신의 약점을 강화함으로써 기반을 다져나갈 수 있기 때문이다.

실제로 프랑스 왕으로부터 밀라노를 탈환하기 위해서 첫 번째는 루드위코 혼자 국경에서 소란을 피우는 것으로 충분했지만[1500년], 두 번째는 프랑스 왕도 기반을 굳히는 동시에 반역자를 찾아내 처벌했기 때문에 왕을 물리치기 위해서는 세계가 일어서서 하나가 되어 프랑스군을 궤멸해야만 했다[1513년].

그렇다고 해도 프랑스는 모처럼 손에 넣은 밀라노를 두 번이나 내주게 된 셈이지만 1차 실패는 이미 말한 대로 일반적인 이유에 의한 것이다.

그럼 두 번째 이유는 무엇이었을까? 루이 12세는 빼앗은 나라를 어떻게 하면 유지할 수 있었을까, 어떤 방책을 취했어야 했나.

총수가 '민중과 같은 위치'로 내려앉는다

새로운 영토를 획득해 원래의 영토에 병합한다고 해도 두 영토가 같은 지역에 있고 사람들이 같은 언어를 가진 경우와 그렇지 않은 경우는 이야기가 다르다.

전자의 경우, 특히 그 지역의 사람들이 자유로운 생활에 익숙하지 않을 때는, 새로운 영토를 쉽게 지킬 수 있다. **기존 군주의 혈통을 끊어버리는 것만으로, 해당 영토는 확실히 내 것이 된다.** 풍습에 큰 차이가 없는 한, 다른 것들은 그대로 현재의 상태를 유지하기만 하면 사람들은 평온하게 살아갈 수 있기 때문이다.

오랜 세월 프랑스에 병합돼 온 부르고뉴, 브르타뉴, 가스코뉴, 노르망디 등이 이 예다. 이들 지방에서는 언어에는 다소 차이가 있더라도 풍습이 비슷하므로 서로서로 바로 받아들일 수 있었다.

새 군주는 이전 통치자의 혈통을 끊는 것 외에도 주민

들의 법과 세제를 바꾸지 않아야 한다. 그것들만 지켜나가면 새로운 영토도 머지않아 오래된 영토와 일체화된다.

반면 **언어도 풍습도 제도도 다른 지역의 영토를 손에 넣으면 이 영토를 지키기 위해 큰 행운과 노력이 필요하다.** 이 경우 가장 효과적인 방안은 터키가 그리스에 했던 것처럼 **새로운 군주 스스로가 그 영토로 옮겨 사는 것**이다.

터키의 군주는 비록 다른 어떤 계책을 썼더라도 스스로 그곳으로 옮겨가지 않았다면 그리스를 계속 통치하지 못했을 것이다.

현지에 살면 불온한 일이 일어날 것 같을 때는 이를 감지하고 즉시 대처할 수 있다. 하지만 멀리 있으면 사태가 커지고 나서야 알게 돼 이미 늦다.

더욱이 군주가 살고 있으면 그 지역을 맡긴 중신들에게 땅을 빼앗기지도 않는다. 군주에게 순종하는 주민들은 군주가 곁에 있으면 바로 자신들의 호소를 들어줄 수 있어 안심할 수 있고, 순종하지 않는 자들은 반대로 군주를 크게 두려워하게 된다. 그렇게 되면 외부에서 쳐들어오려는 세력도 더욱 신중해질 수밖에 없을 것이다.

즉, 군주가 새로운 영토에 살고 있으면, 쉽게 그 나라를 빼앗길 일은 없는 것이다.

'관용'이냐, '말살'이냐. 단일화하라.

또 다른 효과적인 방안은 새로운 영토의 거점이 될 한두 곳에 이주민[식민]을 보내는 것이다. 그렇게 하지 않으면 다수의 기병이나 보병을 주둔시키게 돼 막대한 비용이 든다.

이주민을 보내 그곳에 살게 하면 군주는 전혀 비용 부담을 할 필요가 없고 만약 비용이 발생한다고 하더라도 미미하다. 이주민에 의해 논밭이나 집을 빼앗기는 사람[현지민]도 생기지만, 극소수에 지나지 않는다. 그들은 뿔뿔이 흩어져 빈곤 상태에 빠지므로 결국 군주에게 위험한 존재가 되지는 않는다.

그 외 원주민은 손해를 입지 않았으므로 새로운 군주에게 순종하고, 자신들도 잘못하면 약탈당할까 봐 겁을 먹고 고분고분할 것이다.

즉, 거점으로 보내진 이주민들은 군주에게 더 충실하고, 원래부터 있던 주민들을 해치지도 않으며, 약탈당한 사람들은 가난해져 뿔뿔이 흩어지므로 군주를 해칠 수 없는 것이다.

여기서 한 가지 핵심은, **민중에게는 친절하게 대하거나 말살하거나 둘 중 하나라는 사실**이다.

인간은 가볍게 상처받았을 때는 복수하려 하지만 큰 상처를 입으면 복수할 수 없기 때문이다. 따라서 누군가에게 위해를 가할 때는 복수 당할 우려가 없도록 철저히 해야 한다.

문제는 '일어나기 전'에 찾아서 손을 쓴다

다시 이야기로 돌아가자.

이주민을 보내는 것이 아니라 무장한 병사를 주둔시키면 막대한 경비가 들고 새로운 영토에서 나오는 수익을 모두 거기에 쏟아붓게 된다. 즉, 영토 획득의 수지가 적자가 되어 버린다.

더욱이 군대를 이곳저곳으로 이동시킴으로써 영토 전체의 많은 주민에게 피해를 준다. 피해를 입은 주민은 여전히 그 지역에 머물러 있기 때문에 개개인이 군주에게 복수를 할 우려가 있다.

즉, 어느 관점에서도 군을 주둔시키는 것은 의미가 없고 이주민을 보내는 것은 유익한 것이다.

풍습 언어 제도가 다른 지역으로 이주한 군주는 인근 약소 세력 집단의 우두머리이자 비호자가 되어 그 지역의 막강한 세력을 억누르고, 설령 예측할 수 없는 사태가 벌어지더라도 자신만큼 강한 외부 세력이 들어오지 않도록 경계해야 한다.

엄청난 야심을 갖고 공포심으로 불만을 품은 사람들은 외부 세력을 영토 안으로 끌어들이려고 하나 그런 위험은 항상 있다고 봐야 한다.

그 옛날 아이톨리아인이 그리스에 로마인을 끌어들인 것도 하나의 예다. 로마인이 침공에 성공한 곳이면 어디든 현지 주민이 로마인을 끌어들였다.

더욱이 막강한 외세가 파고들면 그 지역의 약소 세력은 그동안 자신들을 지배해 온 군주에 대한 원망과 미움에 사로잡혀 새로운 세력의 편에 서게 된다.

즉, 새로운 권력자는 약소집단을 쉽게 손아귀에 넣을 수 있는 것이다.

다만, 그러한 약소집단이 힘이나 권한을 너무 갖지 않도록 주의해야 한다. 그러면 새로운 군주는 자신의 힘에 약소집단 지원을 추가해 다른 세력을 차례로 약화해 그 땅의 완전한 지배자가 될 수 있을 것이다.

그러나, 이러한 계책을 취하지 못하는 사람은, 손에 넣은 땅을 곧바로 빼앗기거나, 설사 그 땅을 보유했다 하더라도, 많은 문제나 귀찮은 일에 시달리게 된다.

로마인은 공략한 땅에서 이 규칙대로 행동했다. 이주민을 보내면서 약소 세력을 길들여 이들의 세력이 커지지 않도록 억제하고, 막강한 세력은 제압하여 외부 세력이 비집고 들어갈 틈을 주지 않았다.

예를 들어 그리스에서 로마인은 아카이아인과 아이톨리아인을 편들어 마케도니아 왕국을 물리치고 안티오코스[셀레우코스 왕조 시리아의 왕]를 추방했다. 그러나, **아카이아인이나 아이톨리아인에게 공적(功績)이 있었다고 해서 그들의 세력을 확대하지는 않았다.**

필리포스[마케도니아 왕]가 언변으로 다가와도 자신의 세력을 약화하고 나서가 아니면 편을 들려 하지 않았고, 안티오코스의 세력이 아무리 커도 땅에 영토를 보유하는 것을 허락하지 않았다.

로마인은 현명한 군주가 해야 할 일을 그대로 실행한 것이다.

즉, **명군이 되는 것, 눈앞의 분쟁만이 아니라 장래에 대비해 만반의 대책을 취해 두지 않으면 안 되는 것이다.**

일찍부터 예견하면 쉽게 대처할 수 있지만, 눈앞에 닥칠 때까지 기다리면 늦는다. 의사들도 이런 말을 많이 하지 않는가. 초기 단계의 폐병은 발견하기 어렵지만 발견되기만 하면 치료는 쉽다. 그런데 늦을수록 쉽게 발견할 수 있지만 치료는 어려워진다.

나라를 다스릴 때도 마찬가지다. 해당 국가에서 생긴 문제를 조기에 발견하면 금방 손을 쓸 수 있지만, 반대로 발견이 늦어 누구나 알게 된 단계까지 방치해 버리면 걷잡을 수 없게 되는 것이다.

방치해도 문제는 커질 뿐

로마인은, 일찍부터 불편한 것을 발견하면 곧바로 대응책을 마련해, '싸움을 피하고 싶으므로 사태를 방치'하는 경우는 절대 없었다.

애초에 전쟁은 피할 수 있는 것이 아니다. 미루면 적에게 유리할 뿐이라는 것을 알고 있었다.

그래서 그들은 필리포스나 안티오코스를 상대로 그리

36

스에서 싸움을 걸어 이탈리아에서는 싸우지 않아도 되었다. 현대의 현자들이 흔히 말하는 '시간이 무르익기를 기다리는' 방식을 좋아하지 않고 자신의 역량과 사려 깊음을 믿었다.

왜냐하면, **시간이 지남에 따라 좋은 일뿐만 아니라 나쁜 일도 따라서 오기 때문**이다.

여기서 프랑스로 이야기를 되돌리고, 지금까지 말해 온 방책 중에서 실제로 무엇을 실천했는지 살펴보자.

샤를 8세보다 훨씬 오랜 기간 이탈리아를 지배해 온 루이 12세의 행보가 더 이해하기 쉬울 것이다. 루이는 풍습과 언어가 전혀 다른 영토를 지키기 위해 취해야 할 방도를 마련하지 않고 그 반대로 했다.

애초 루이가 이탈리아에 침입한 것은 베네치아의 야망 때문이었다. 베네치아는 프랑스의 침공을 이용해 롬바르디아 영토의 절반을 손에 넣으려 했다.

그렇다고 루이를 비난할 생각은 없다. 루이 입장에서는 이탈리아에 발판을 마련하려고 해도 그곳에는 아군이 없을 뿐 아니라 선왕 샤를의 처신 때문에 모든 기회의 문은 닫힌 상태였다. 그래서 상대가 누구든 손을 잡을 수밖에 없었다.

또한 그의 이탈리아 침입은 다른 정책에서 몇 가지 실수만 하지 않았더라면 성공했을 것이다.

프랑스 왕 루이는 롬바르디아를 공격해 쓰러뜨리고 이내 샤를이 잃었던 명성을 되찾았다. 제노바가 항복하고 피렌체인들이 편이 되어 주었다. 만토바 후작, 페라라 공, 벤티볼리오 가문, 포를리의 성주, 파엔차, 페자로, 리미니, 카멜리노, 피온비노의 영주들 그리고 심지어는 루카 피사 시에나의 시민들이 차례로 우호 관계를 맺기 위해 루이에게 왔다.

이때야 베네치아인들은 자신들의 방책이 경솔했음을 알게 된다. 롬바르디아의 두 땅을 손에 넣으려다 프랑스 왕을 이탈리아 전체 3분의 2의 지배자로 만들어버렸기 때문이다.

여기서 루이가 이미 언급한 규칙을 지켜서 편이 되어 준 모든 이들의 안전을 보장하고 두둔했다면 힘들이지 않고 이탈리아에서의 명성을 이어갔을 것이다.

그도 그럴 것이 편을 든 사람의 수는 많고, 모두 약소 세력이었지만, 어떤 사람은 교회의 권력을, 어떤 사람은 베네치아를 두려워했기 때문에 프랑스 왕에게 의지할 수밖에 없었다. 그러니 그들의 도움을 받았더라면 당시 이탈리아에서 막강한 세력을 가진 나라들로부터 자신을 보호할 수 있었을 것이다.

하지만 루이는 밀라노에 들어서자마자 역으로 행동했다. 교황 알렉산데르의 로마냐 점령을 돕고 만 것이다.

이로 인해, 그에게 무릎을 꿇고 온 사람들이나 편이 된 사람들이 떨어져 나갔고, 루이의 세력은 약화하였고, 교회가 강대한 존재가 되었다[교황은 이탈리아 중부의 광대한 교황령(교황령 국가)을 지배하는 군주이기도 했다].

교회가 정신적 권력뿐만 아니라 막대한 정치적 권력을 갖게 된 것을 루이는 알지 못했다. 게다가 이 일로 그 후에도 같은 잘못을 반복하게 된다.

결국 교황 알렉산데르의 또 다른 야망인 토스카나 지방의 지배자가 되는 것을 막으려면 루이 스스로 이탈리아에 가야 했다.

루이는 또한 교회 권력을 키워 아군을 잃었을 뿐만 아니라 나폴리 왕국을 자기 것으로 만들려고 스페인 왕과 나눠 갖기로 했다. 이미 단독으로 지배하고 있던 이탈리아에 일부러 스페인이라는 다른 나라를 끌어들인 것이다.

그 결과 스페인 왕은 이 지방의 야심가들이나 프랑스에 불만을 가진 자들이 의지하는 존재가 되었다.

루이는 자신에게 조공할 왕을 나폴리 왕국에 남겨두면 될 것을, 그 왕을 배제하고, 결국 자신을 쫓아낼 만한 힘을 가진 인물을 그 자리에 앉히고 말았다.

타인에게 힘을 실어 준 자는 '자멸'한다

영토 확장 욕망은 지극히 자연스러운 것이다. 따라서 그 능력을 갖춘 자가 영토를 확대할 때는 칭찬받을 수는 있어도 비난을 받지는 않는다.

그러나 능력 없는 자가 억지로 새 영토를 손에 넣으려는 것은 비난받아 마땅하다.

따라서 프랑스는 자신의 병력으로 나폴리를 공략할 수 있었다면 그렇게 해야 했고, 그럴 능력이 없다면 스페인과 나누지 말았어야 했다.

베네치아인과 롬바르디아를 나눌 때는 프랑스가 이탈리아에 발판을 마련한다는 명분이 있었지만, 이번 스페인과의 분할은 명분이 없어 비난받아도 어쩔 수 없다.

요컨대 루이는 다섯 가지 잘못을 저질렀다고 할 수 있다.

① 약소 세력을 소멸시킨 것

② 이탈리아에서 알렉산데르 교황이라는 일대 세력을 더욱 막강하게 만들어 버린 것

③ 스페인이라는 외국 세력을 이 지역으로 끌어들인 것

④ 이탈리아로 직접 이주하지 않은 것

⑤ 이주민들을 보내지 않은 것

이 다섯 가지다.

그래도 베네치아인들로부터 영토를 빼앗는 여섯 번째 잘못을 저지르지 않았다면 그가 살아 있는 동안 그만큼의 피해는 없었을 것이다. 다시 말해 교회 권력을 막강하게 하거나 이탈리아로 스페인을 끌어들이기 전이라면 베네치아인 세력을 약화하는 것도 이치에 맞고 필요하기도 했다.

하지만, 이미 상기의 다섯 가지 잘못된 결정을 한 이상, 베네치아인을 멸망시키는 것에 동의해서는 안 되었다. 왜냐하면 베네치아인이 힘을 갖고 있으면 교황이나 스페인 왕이 롬바르디아에 개입하는 것을 억제할 수 있었기 때문이다.

베네치아는 스스로 롬바르디아의 지배자가 되지 않는 한 그런 개입을 허용하지 않았을 것이다. 또 스페인 왕이

나 교황도 베네치아인에게 주기 위한 목적이었다면 굳이 프랑스로부터 롬바르디아를 빼앗을 생각도 하지 않았을 것이고, 그렇다고 프랑스와 베네치아라는 두 강국과 정면으로 부딪칠 만한 용기도 없었을 것이다.

참고로 루이 왕이 알렉산데르에게 로마냐 지방을, 스페인에 나폴리 왕국을 물려준 것은 모두 전쟁을 피하고 싶어서가 아니냐고 말하는 사람이 있다면 나는 앞서 설명한 근거를 바탕으로 이렇게 대답하겠다.

전쟁을 회피하고 싶다고 해서 혼란을 방치해서는 안 된다. 전쟁은 피할 수 없는 것이고 미루면 더 불리할 뿐이다.

또한 루이 왕이 자신의 결혼을 취소하고 추기경의 지위를 얻기 위한 대가로 전쟁을 교황에게 약속했다고 주장하는 사람이 있을지도 모른다. 나는, 군주의 의무와 그 의무를 어떻게 지켜야 하는가에 대해 후(제18장)에 서술함으로써 이들 주장에 대답하겠다.

이처럼 루이 왕이 롬바르디아 지방을 잃은 것은 새로운 지역을 손에 넣고 그것을 지키고자 했던 자가 지금까지 지켜온 규칙을 하나도 지키지 않았기 때문이다. 즉, 당연한 귀결이다.

이 일에 대해 나는 낭트에서 루앙[프랑스 북부 도시]의 추기경과 이야기한 적이 있다. 발렌티노 공, 즉 교황 알렉산데르의 아들 체자레 보르지아가 로마냐 지방을 점령했을 때의 일이다.

루앙의 추기경이 나에게 이탈리아인은 전쟁이라는 것을 알지 못한다고 말하자 나는 프랑스인은 나라를 지배한다는 걸 알지 못하는 것 아니냐며 반박했다. "만약 알았다면 프랑스는 로마교회를 그렇게 막강하게 만들지 않았을 것"이라고도 덧붙여 말했다.

사실 교회 권력과 스페인이 이탈리아에서 그렇게 큰 세력을 갖게 된 것은 프랑스 때문이며 프랑스의 실추는 이들 두 세력 때문이라고 할 수 있다.

여기서 일반 원칙이 도출된다. 그것은 **타인이 막강한 권력을 갖도록 원인을 제공한 자는 반드시 자멸한다**는 원칙이다.

왜냐하면, 재능이나 무력 어느 한쪽의 능력을 갖춘 자에 의해서 강대한 권력자가 생기는 것이지만, 그렇게 해서 권력자가 된 자는, 그 어느 한쪽의 능력을 갖춘 자에 대해서 불안이나 불신감을 계속 안고 있기 때문이다.

제4장

통치가 쉬운 집단, 어려운 집단

원제 | 알렉산드로스 대왕이 정복한 다레이오스 왕국에서 대왕이 죽은 후에도 후계자를 상대로 한 반란이 일어나지 않았던 이유

새로 정복한 영토를 지키는 것의 어려움을 생각하면 다음과 같은 사실에 의문을 품는 사람도 있을지 모른다.

알렉산드로스 대왕은 불과 몇 년 만에 아시아의 지배자가 되었지만, 그 후 바로 죽고 말았으므로 전국에서 반란이 일어나야 마땅했다. 그럼에도 알렉산드로스의 후계자들은 줄곧 그 영토를 지켰고, 집안의 야심으로 동일 집단 내에서 일어난 문제 외에는 어떤 어려움도 마주치지 않았다.

어떻게 그런 일이 가능했을까?

44

'약탈'과 '통치'는 다른 것이다

나는 이렇게 대답하겠다. 사람들의 기억에 남아 있는 군주국은 모두 두 가지 방법 중 하나로 통치했다.

첫 번째 방법은 한 명의 군주와 그의 신하들을 통치하는 것으로, 신하 중에서 출중한 자를 군주가 행정관으로 임명하여 군주의 통치를 보좌한다.

다른 하나는 한 명의 군주와 봉건 제후들에 의한 통치로, 제후들은 군주의 임명에 의해서가 아니라 옛날부터 핏줄에 의해서 그 지위를 유지하고 있다. 제후들은 각자 자기 영지와 신하들을 가지고 있으므로 신하들은 그들을 주군으로 추앙하며 친밀한 정을 느낀다.

전자, 즉 한 명의 군주와 그의 신하들에 의해 통치되는 나라의 경우 군주는 큰 권력을 가진다. 이 경우 군주보다 지위가 높은 사람이 없기 때문이다. 백성들은 행정관이나 관리들에게 복종하기도 하지만 그런 사람들에게 특별히 친밀감을 느끼는 것은 아니다.

이 같은 두 통치법은 터키와 프랑스에서 찾아볼 수 있다.

터키는 한 군주에 의해 통치되며 나머지는 모두 그의

신하다. 군주는 나라를 여러 개의 행정구로 나누어 각각 행정관을 파견하고 때로는 마음대로 행정관을 경질하거나 교체하기도 한다.

한편, 프랑스 국왕은 예로부터 이어진 제후들에게 둘러싸여 제후들은 각각의 백성[군주국의 백성]에게 주군으로 추앙되어 사랑을 받는다. 비록 국왕이지만 위험을 무릅쓰지 않고는 제후들이 갖고 있는 특권에 대해 왈가왈부할 수 없다.

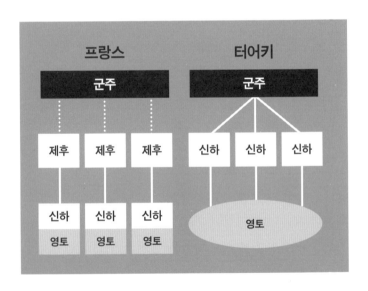

이 두 나라를 비교하면 터키라는 국가를 손에 넣기는 더 어렵지만, 한번 정복하면 보유하기는 극히 쉽고, 반대

로 프랑스 왕국을 점령하는 것은 여러 가지 점에서 쉽지만, 보유하기는 극히 어렵다는 것을 알 수 있다.

터키의 정복이 어려운 것은, 국내 고관들이 침략에 대해 안내해 주지 않는 것도 있지만, 군주의 측근이 모반을 일으켜 정복이 더욱 쉬워지는 사태도 바랄 수 없어서다. 왜냐하면 고관들은 모두 임금의 충실한 종이고 임금에게 인의가 있기 때문에 그들을 매수하기 어렵고 비록 매수할 수 있더라도 백성들까지 따라와 주지는 않기 때문에 큰 도움이 되지 않는다.

따라서 **터키를 공격할 때는 상대방이 일치단결해 맞선다고 생각해야 한다.** 그렇게 되면 상대의 혼란을 틈타서가 아니라 자신의 병력으로 싸울 수밖에 없다. 그러나 일단 무찌르고, 적이 군사를 일으켜 세울 수 없을 정도로 격파한다면, 지금까지 이어온 군주의 혈통 이외에 두려워할 것은 없고, 남은 것은 그 혈통만 끊어버리면 된다는 얘기가 된다.

이렇게 승리한 자는 싸우기 전에 백성을 의지하지 않았으니, 싸운 후에도 백성을 두려워할 필요가 없다.

그런데 프랑스와 같은 통치법을 취하고 있는 나라에서는 반대의 일이 일어난다.

이런 나라에는 불만분자나 정변을 바라는 자가 항상 있기 때문에, 봉건 제후 중 누군가를 자기편으로 만들기만 하면, 쉽게 그 나라 안으로 들어갈 수 있다. 그런 자들이 공략의 길을 열어주고 승리를 도와주는 것이다.

하지만 그 후 지배를 유지하려면 원조한 자들과 진압당한 자들로 인해 무수한 난제가 닥칠 것이다. 게다가 새로운 변혁을 일으켜 리더가 되려는 제후들이 배후에 있기 때문에 군주의 핏줄을 끊은 것만으로는 턱 없이 부족하다.

그런 제후라면 만족시킬 수도, 소멸시킬 수도 없으므로 어떤 계기로 쉽게 지배권을 빼앗기고 말 것이다.

정복은 역량 이상의 '상황'에 좌지우지된다

알렉산드로스 대왕에게 패해 페르시아 제국 최후의 지배자가 된 다레이오스의 나라가 어떤 통치를 했는지 살펴보면 터키와 비슷함을 알 수 있다. 그러므로 알렉산드로스는 다레이오스와 전면전을 벌여 그를 전장에서 물러나게 했어야 했다.

이후 다레이오스가 죽었으니 이미 언급한 바와 같은 이

유로 알렉산드로스의 나라는 막강해졌다. 그 후계자들도 결속 중에는 안녕을 유지했다. 실제로 후계자들 사이의 갈등 외에는 어떤 소란도 일어나지 않았다.

하지만, 프랑스와 같은 통치법의 나라에서는, 새로운 영토를 평온하게 유지하는 것은 불가능하다.

같은 이유로 스페인, 프랑스, 그리스 등에서는 과거 로마인에 반해 수많은 반란이 일어났다. 이들 나라에는 다수의 제후가 지배하는 영지가 있었기 때문이다. 반란의 기억이 남아 있기에 로마인들은 이들 국가의 영토 유지에 불안을 느꼈다.

그래도 제국의 지배가 오래 지속되자 결국 그러한 기억도 사라졌고 비로소 로마인이 확고한 통치자가 될 수 있었다. 후속 세대도 서로 싸우면서 각자 자신의 정복지에서 획득한 권력에 따라 속주의 일부를 포섭할 수 있었다.

오래된 지배자의 혈통이 끊어졌으니, 로마인만 통치자로 인정받은 것이다.

이상의 내용으로 고찰해 보면, 알렉산드로스가 아시아의 영토를 쉽게 유지한 것, 많은 왕이 정복지 유지에 어려움을 겪은 것에 대해 누구도 이상하게 생각하지 않을 것이다.

그 결과는 정복한 자의 역량 차이에서 비롯된 것이 아니라 정복한 땅의 상황 차이에서 비롯된 것이다.

제5장 ||

자유·자주적 집단을 잘 이끌려면

원제 | 정복 이전에 민중이 자치권에서 살아왔을 경우의 도시나 국가의 통치

정복한 나라들에서 그때까지 민중이 자신들이 정한 법률에 따라 자유롭게 살고 있었을 경우 지배를 계속 유지하는 세 가지의 방법이 있다.

첫째는 그 나라의 도시를 파괴하는 것, 둘째는 그곳으로 군주가 직접 옮겨 사는 것, 그리고 셋째는 사람들이 지금까지 지켜온 법대로 살도록 허락하고 세금을 거둬 당신과 우호 관계를 유지할 수 있는 특정 소수의 정권을 국내에 만드는 것이다.

그 정권은 새로운 군주의 손에 의해 옹립되었으니, 군

주의 비호와 호의를 잃으면 존재할 수 없다. 따라서 군주를 전력으로 지지하게 된다.

그리고 자유에 익숙한 도시를 파괴하지 않고 유지하고자 한다면 시민을 자주 이용하는 것이 가장 손쉽다.

파괴를 단행하여 '몰살'하거나
'숙식'을 함께 하거나

예로 스파르타와 로마를 들 수 있을 것이다. 스파르타인은 소수 지배층에 의한 정권을 옹립해 아테나이나 스파르타의 지배를 계속했지만 둘 다 잃었다.

로마인들은 카푸아, 카르타고, 누만시아를 지배하기 위해 그 도시들을 파괴하고 어느 것도 잃지 않았지만, 그리스를 유지하기 위해 스파르타인들과 같은 방식을 취하려고 했다. 즉, 사람들을 자유롭게 하고, 기존 법률도 손대지 말아야겠다고 생각했다. 하지만 결과는 좋지 않았다.

그래서 그리스를 계속 지배하기 위해 많은 도시를 파괴하지 않을 수 없었다. 사실상 자유로운 생활에 익숙한 도시를 영유하는 데는 파괴하는 것만큼 확실한 방법이 없다.

파괴하지 않으면 자유라는 이름과 전통적 제도 두 가지

를 방패로 내세운 반란이 일어나고 이들 도시에 의해서
스스로 파괴되어 버리기 때문이다.

'자유'와 '전통적 제도'는 시간이 흘러도, 가령 새 군주
로부터 은혜를 입었다 해도 사람들에게서 절대 잊히지 않
는다.

뭔가를 시행하든, 어떤 방책이 마련되든 주민들이 뿔뿔
이 흩어지거나 남김없이 제거되지 않는 이상 이 두 가지
는 사람들의 기억에 남고, 어떤 특정한 계기로 인해 사람
들로 하여금 바로 그 자리에서 미련 없이 다시 돌아가게
만드는 원인이 된다.

피사가 피렌체에 예속된 지 100년이 지나서 이전의 자
유와 제도로 되돌아가려고 한 것도 그 때문이다.

한 군주의 지배를 받아 생활하는 것에 익숙한 도시나
지역에서는 지속된 군주의 혈통이 끊어질 경우 자신들 내
부에서 군주를 세우는 것에 대해 의견 일치를 보지 못한
다. 그렇다고 자유로운 삶의 방식도 모른다. 사람들이 복
종하는 것에 익숙해져 버렸고, 지금까지의 군주가 없는
탓에 좀처럼 무기를 들고 봉기하려 하지 않는다.

이렇게 되면 새 군주는 쉽게 그들을 자기편으로 끌어들
여 맞서지 못하게 할 수 있다.

반면 공화정 도시의 경우에는 사람들의 활력도, 새로운 군주에 대한 증오도, 심지어 복수심도 훨씬 강하다. 예전의 자유에 대한 기억이 사라지지 않기 때문이다.

　그렇게 생각하면 **가장 안전한 방법은 도시를 말살하는 것, 혹은 군주 스스로가 그곳으로 옮겨 사는 것**이다.

제6장 ‖

자력으로 조직을 새롭게 할 때

원제 ‖ 자신의 무력과 능력으로 획득한 새로운 군주국

완전히 새로 만들어진 군주국 중에서 군주로나 정체(정치체제)로나 가장 위대한 예를 들어보자.

화살은 '과녁보다 훨씬 높게' 겨냥해라

인간은 대개 선인이 걸어간 길을 걸어 선인의 행실을 모방하려고 한다. 그렇다고 완전히 선인과 같은 길을 갈 수도 없고, 모방한 인물의 역량에 도달할 수도 없다.

그렇다면 **현자는 위대한 인물이 다져놓은 길을 가고,**

남다른 인물을 본보기로 삼아야 할 것이다. 비록 자신의 역량이 미치지 못해도 위대한 인물이 남기고 간 향기를 느낄 수 있기 때문이다.

과녁이 너무 멀고, 자신의 활의 힘의 한계를 알고 있을 때 현명한 궁수가 굳이 목표보다 훨씬 높은 곳을 겨냥하는 것과 같다. **실제로는 훨씬 높은 곳으로 화살이 날아가는 것은 아니지만, 높이를 가늠해서 애초의 과녁까지 화살이 도달할 가능성이 높아지는 것이다.**

완전히 새로운 군주국에서 계속 지배하는 것이 얼마나 어려운지는 군주 자리에 오른 자의 역량에 달려 있다.

무릇 일개 시민이 군주가 되었다면 나름의 수완이나 행운 중 하나가 갖춰졌을 것으로 생각된다. 그 후에 직면하는 많은 어려움도 그중 하나가 있다면 어느 정도는 해결될 수 있을 것이다.

그렇다고는 해도 운에는 그다지 의지하지 않는 인물이 더 안정적으로 지배할 수 있다. 게다가 다른 영토가 없어 정복한 땅으로 이주할 수밖에 없었던 군주는 자신의 지위를 유지하기 쉽다.

기회는 재료,
살리고 죽이는 건 자신의 선택

운에 의해서가 아니라 자신의 역량에 의해 군주가 된 인물 가운데 특히 뛰어난 인물은 모세*[이스라엘 민족의 지도자]*, 키루스*[아케메네스 왕조 페르시아 제국의 창립자]*, 로물루스 *[전설상 로마의 건국자]*, 테세우스*[그리스 신화의 영웅]*이다.

다만 모세의 경우 신의 명령을 단지 실행했을 뿐이므로 논외로 해야 할지도 모른다. 그렇더라도 신의 은총으로 신과 소통하기에 적합한 인물로 택함을 받았다는 것만으로도 대단한 일이다.

나라를 정복하거나 세운 키루스 및 나머지 인물은 칭찬할 만하다. 이들 인물 한 사람 한 사람의 행동이나 태도를 고찰하면 모두 신이라는 위대한 명령자를 따르고 있음을 알 수 있다. 모세와 큰 차이가 있어 보이지 않는다.

그들의 행동이나 생애를 살펴보면 모두 운명이 내린 것은 기회뿐이라는 것을 알 수 있기 때문이다.

기회라고 해도, 말하자면 일종의 '재료'만 제공받은 것일 뿐, 기회를 마음먹은 대로 활용하여 성과를 낸 건 그들 자신이다.

다만, 이런 기회가 없다면 그들 속에 숨어있던 역량도 발휘할 수 없었을 터이고, 반대로 역량이 없다면 기회가 와도 그것을 살릴 수 없었을 것이다.

모세는 이집트에서 이스라엘 백성들이 이집트인들에게 노예로 억압받고 있는 상황을 마주했다. 그런 기회가 있었기에 이스라엘 백성들은 그 상황을 벗어나기 위해 모세를 따라가기로 한 것이다.

마찬가지로, 로물루스가 로마의 왕이 되어 로마를 건국할 수 있었던 것은, 로물루스는 알바에서는 설 자리가 없었고, 게다가 태어나자마자 버려졌다는 과거가 있었기 때문이다.

키루스는 메디아인들의 지배하에 페르시아인들의 불만이 쌓였고, 메디나인들도 장기간의 평화에 익숙해져 완전히 취약한 상태였기에 군주가 될 수 있었다. 테세우스도 분열돼 산산조각 난 아테나이인을 만나지 않고서는 능력을 발휘할 수 없었을 것이다.

즉, 어느 인물이나 기회가 행운을 가져왔고, 뛰어난 능력으로 그 기회를 훌륭하게 잡은 것이다. 그 결과, 그들의 나라는 영광을 얻고 번영했다.

새로이 하면 '적'이 생긴다

이렇게 용맹한 길을 걸어 군주가 된 인물은 새 나라를 얻는 데는 애를 먹지만 나라를 유지해 나가는 데는 어려움을 겪지 않는다.

나라를 정복할 때의 어려움 중 하나는 통치 체제를 만들고 그것을 안정시키기 위해 새로운 제도나 방법을 도입해야 한다는 데 있다. 솔선수범해 새로운 질서를 확립하는 것만큼 어려운 일은 없다.

잘 될 보장은 어디에도 없고, 실행에는 항상 위험이 따른다. **새로운 제도를 도입하려는 자에게는 낡은 제도의 혜택을 받던 모두가 적이 되고, 새로운 제도로부터 이익을 얻으려는 자가 있다고 해도 그들은 잠시 잠깐의 '아군'에 불과하기 때문**이다.

그러한 사람들의 자세는 낡은 법률에 매달리는 '적대자에의 공포심'이나, 오랫동안 경험하지 않으면 새로운 것을 좀처럼 믿으려 하지 않는 '시의심[猜疑心, 남을 시기하고 의심하는 마음]'에서 나온다.

낡은 제도를 지키고 싶어 하는 적은 기회를 틈타 똘똘 뭉쳐 공격해 오는 반면 군주의 아군은 그다지 열의가 없어 결국 군주는 궁지에 몰리고 만다.

스스로 바꿀 '각오'를 가지다

이 문제를 자세히 논하기 위해서는 새로운 군주가 변혁을 추진하는 데 자신의 힘에만 의지하고 있는지, 아니면 누군가에게 의지하는 타력본원[他力本願, 남의 힘을 빌려 일을 이루려고 함]인지를 살펴볼 필요가 있다.

다른 사람에게 의지할 경우 '반드시'라고 해도 좋을 만큼 폐해가 생겨 아무것도 달성할 수 없다.

반대로 **자신의 힘을 발휘할 때는 위기에 빠지는 경우가 드물다.** 그래서 무장한 예언자는 승리를 거뒀지만 그렇지 않은 예언자는 망한 것이다.

앞서 말한 것에 더해 민중의 마음은 돌아서기 쉬운 법이어서 설득하기는 쉬워도 그 상태를 지속시키기는 어렵다.

따라서 사람들이 군주의 말을 더 이상 믿지 않을 때는 힘으로 억지로 믿게 할 수 있어야 한다.

모세도, 키루스도, 테세우스도, 로물루스도, 무력을 가지고 있지 않았다면 자신들의 입법이나 제도를 사람들에게 오랫동안 지키게 할 수는 없었을 것이다.

현대에는 수도사 지롤라모 사보나롤라[피렌체에서 신권정
치를 한 도미니크회 수도사]가 바로 그 예다.

이 수도사는 많은 사람들이 그의 말을 믿지 않게 되자
마자 스스로 만들어 낸 새로운 질서와 함께 파멸하고 말
았다. 그는 자기 말을 믿은 백성을 잡아둘 수단도, 믿지 않
은 자를 믿게 할 수단도 없었기 때문이다.

그러한 경우에는 어떤 행동을 하면 오히려 큰 곤란에
직면해 앞길에 위험이 도사리고 있게 되므로 자신의 수완
으로 헤쳐 나갈 수밖에 없게 된다. 하지만 일단 극복하여
시기하는 패거리를 멸망시키고 사람들의 존경을 받게 되
면 권력은 안정되고 영예와 행복을 누릴 수 있다.

이러한 위대한 사례 다음으로는 다소 열등하지만 하나
의 예를 더 들고자 한다. 시라쿠사의 왕, 히에론 2세다.

일개 시민에서 시라쿠사의 군주가 된 히에론 또한 운명
으로부터 주어진 것은 기회뿐이었다. 그는 억압받던 시라
쿠사 민중에 의해 시민 대장으로 뽑혔고, 이를 계기로 군
주에 걸맞은 인물로 평가받게 된다.

실제로 일개 시민이었을 때부터 그는 대단한 수완을 발
휘하고 있었다. '이 사람에게 군주로서 부족한 것은 통치

할 나라뿐'이라고 쓴 사람도 있을 정도다.

그는 낡은 군제를 폐하고 새로운 군대를 정비했으며, 낡은 동지 관계를 버리고 새로운 관계를 맺었다. 이렇게 손에 넣은 동지와 병사를 토대로 뜻대로 새로운 정치체제를 만들어 낼 수 있었다.

군주의 자리에 오르기까지는 힘들었지만, 그것을 유지하는 데는 거의 어려움이 없었다.

제7장 ||

우연히 군림하게 된 자

원제 | 타인의 힘과 운으로 얻은 새로운 군주국

단지 운이 좋은 것만으로 군주가 된 사람들은, 노력하지 않고 군주의 자리에 올랐다 하더라도, 유지하기 위해 엄청난 고생을 한다.

군주의 자리에 직행했기에 도중에 장애물에 부딪히는 일은 없었다. 그런데 군주의 자리에 오르자마자 온갖 어려움에 부딪힌다.

돈이나 남의 후의로 나라를 물려받은 자도 마찬가지다. 다레이오스 왕이 자기 신변의 안전과 영광을 위해 직접 군주로 모신 자들이 그 예다. 즉 그리스의 이오니아나 헬

레스폰토스의 도시국가를 맡게 된 사람들이다.

또한 병사들을 매수하여 지배자의 자리에 오른 로마 황제들도 마찬가지이다.

이러한 자들은 지배권을 물려준 인물의 의지와 운의 덕을 입었을 뿐이다. 하지만, 의지도 운도 매우 변덕스럽고 변하기 쉬우며, 불안정하다.

그들은 애초에 일개 시민에 불과했기 때문에 웬만한 천재이거나 어지간히 수완이 있지 않은 한 사람들에게 어떻게 명령을 내려야 할지 알지 못해 군주의 지위를 어떻게 유지할지 모른다. 또한 자신의 편이 되어 충성을 맹세하는 병사들도 없어 지위를 유지할 힘도 없다.

게다가, **갑자기 만들어진 나라는 태어나자마자 다 성장해 버리는 식물과 마찬가지로 뿌리를 단단히 내릴 수 없으므로 첫 번째로 맞는 악천후를 견딜 수 없다.**

갑자기 군주의 자리에 오른 사람은, 웬만한 수완이 없는 한, 운으로 자기 품에 굴러들어 온 것을 계속 보유할 준비도 되어 있지 않고 지금까지 선대가 쌓아 온 토대를 어떻게 해야 할지도 모른다.

새로운 리더의 최고 수법

여기서 역량에 의해 군주가 되거나 운에 의해 군주가 되는 두 가지 방법에 있어서 기억에 남는 두 가지 예를 소개하고자 한다. 프란체스코 스포르차와 체사레 보르지아다.

프란체스코는 적절한 수단과 훌륭한 수완으로 일개 시민에서 밀라노 공이 됐다. 밀라노를 손에 넣는 데는 많은 고난이 있었지만, 그것을 유지하는 것은 쉬웠다.

한편 민중으로부터 발렌티노 공으로 불리던 체자레 보르지아는 아버지의 운 덕분에 나라를 손에 넣었지만, 그 운이 떨어져 나가자 나라를 잃었다. 하지만 그는 타인의 무력이나 운에 의해 굴러들어 오게 된 영토에 뿌리를 내리기 위해 사려 깊고 뛰어난 수완을 가진 인물이 해야 할 일을 다 했다.

앞에서 말한 것처럼 미리 토대를 마련하지 않은 사람이라도 큰 수완이 있으면 나중에 토대를 마련할 수 있다. 다만 토대를 마련하는 데는 어려움이 있을 것이고, 그러한 토대 위에 세워진 것에는 위험이 따라다닐 것이다.

여기서 발렌티노 공이 취해온 행동을 소상히 들여다보

면 그가 향후 권력에 대비해 굳건한 토대를 마련했음을
알 수 있다. 이것이야말로 논할 만한 일이다.

왜냐하면 **새 군주로서 발렌티노만큼 뛰어난 본보기가
없기 때문**이다. 그가 마련한 여러 가지 조치가 결실을 보
지 못했다고 해도 그것은 그의 잘못이 아니라 엄청나게
운이 나쁜 탓이다.

아군의 '번의'라는 정서

교황 알렉산데르 6세가 아들 발렌티노를 위대한 존재
로 만들고자 했을 때, 그 시점에서 이미, 그리고 장래를 생
각해도 많은 문제가 있었다.

우선 교회 영토 외에 아들을 군주로 삼을 수 있는 길은
어디에도 없었다. 원래 로마교회의 영토였던 땅을 탈취하
려고 기도하는 것이라면 밀라노 공이나 베네치아인이 이
를 인정할 리 없다. 실제로 파엔차와 리미니는 이미 베네
치아의 비호 아래 놓여 있었다.

게다가 이탈리아의 병력, 특히 알렉산데르가 이용할 수
있는 병사들은 교황이 강대해질 것을 두려워하는 사람들
의 손안에 있기 때문에 신용할 수 없다는 것도 알고 있었

다. 실제로 모든 병력은 오르시니 가문과 콜론나 가문, 혹은 그들에게 속한 자들이 쥐고 있었다.

그래서 이러한 정세를 교란하고 나라를 혼란에 빠뜨림으로써 일부를 확실히 자신의 지배하에 둘 필요가 있었다.

어려운 일은 아니었다. 베네치아인들이 다른 이유로 프랑스군을 다시 이탈리아로 끌어들이려고 계획하고 있었기 때문이다. 그래서 교황은 프랑스군의 진출을 반대하지 않았을 뿐만 아니라 루이 왕의 오래된 혼인 관계 취소를 인정하여 침공이 더 원활하게 진행되도록 하였다.

이리하여 프랑스 왕 루이는 베네치아의 지원과 교황 알렉산데르의 동의하에 이탈리아에 침입했다. 루이가 밀라노로 가자 교황은 곧바로 그에게서 군사를 빌려 로마냐 지방[이탈리아 북동부]을 공략했다. 이 공략은 프랑스 왕의 위신 덕분에 성공한 것이다.

이렇게 해서 발렌티노 공은 로마냐 지방을 손에 넣고, 콜론나 가문을 물리치고, 로마냐를 지배하면서 더 나아가려 했다.

그런데 앞길에는 두 가지 장애물이 가로놓여 있었다. 하나는 군 병사들이 자신에게 충실하지 못한 것 같았고, 다른 하나는 프랑스 왕의 진의를 알 수 없다는 것이다. 그

동안 중용해 온 오르시니파 용병대가 발렌티노 공의 명령을 어기고 정복을 방해하는 것뿐만 아니라 점령지를 빼앗는 것 아니냐는 의심이 일었다. 프랑스 왕도 마찬가지였다.

오르시니 가문의 경우 파엔차 점령 직후에 볼로냐를 공격했을 때 눈치를 챘다. 공격에 즈음해 오르시니의 병사들이 사뭇 냉랭한 태도였기 때문이다.

루이의 경우 우르비노 공국을 빼앗아 토스카나 지방을 공격했을 때 진심이 보였다. 루이가 그 일을 단념시키려 했기 때문이다.

그래서 발렌티노 공은 앞으로는 다른 사람의 무력이나 운에 의지하지 않겠다고 결심했다.

사람은 '단행'에 호의를 갖는다

우선 오르시니 가문과 콜론나 가문 양쪽의 로마 세력을 약화하기로 했다. 양가에 가담한 귀족들을 자기편으로 끌어들여 많은 보수를 주고 길들였고, 각자의 능력에 따라 군사와 행정 임무를 부여해 후대한 것이다.

그러자 몇 달이 지나지 않아 그들의 마음은 각자의 당

파로부터 멀어져 모두 발렌티노 공에게 향하게 되었다.

다음에 콜론나 가문의 주요 인사들을 갈라놓자, 이번에는 오르시니 가문의 핵심 인물들을 없앨 기회를 찾았다.

이윽고 절호의 기회가 찾아왔고, 발렌티노 공은 교묘하게 이를 이용했다. 왜냐하면, 정부나 교회 세력의 증대가 머지않아 자신들을 멸망시킬 것이라고 뒤늦게 깨달은 오르시니 가문의 사람들이 페루자 영내의 마조네에서 모임을 가졌기 때문이다.

그 모임의 결과 우르비노의 반란이나 로마냐의 소란이 일어나면서 수많은 위험이 닥쳤지만 발렌티노 공은 프랑스군의 지원 아래 어떤 재난도 헤쳐 나갔다.

이윽고 다시 평판을 되찾은 발렌티노 공은 더 이상 프랑스를 비롯한 외국의 무력에 기대지 않고 병력이 자신을 위험에 빠뜨리는 일이 없도록 책모를 썼다.

발렌티노 공은 실로 교묘하게 본심을 숨겼기 때문에 오르시니가는 영주 파올로를 통해서 화해를 신청해 왔다. 이에 발렌티노 공은 파올로에게 돈과 옷과 말을 주고 환심을 사서 상대를 방심하게 했다.

마침내 단순한 오르시니 사람들은 시니가리아에서 발렌티노 공의 술책에 빠졌다.

이렇게 오르시니 가문과 콜론나 가문의 리더들을 말살하고 당파 인사들을 자기편으로 끌어들인 발렌티노 공은 우르비노 공국은 물론 로마냐 전역을 손에 넣고 자신의 권력 기초를 다졌다. 특히 로마냐 사람들의 마음을 사로잡은 발렌티노 공은 그들이 벌써 행복한 것 같아 훌륭한 아군을 얻었다고 느꼈다.

발렌티노 공의 지금까지의 경위는 주목할 만하고, 모범으로 삼아야 한다.

로마냐 지방을 손에 넣은 발렌티노 공은 오랜 세월 무능한 영주들이 이 지방을 맘대로 해 왔다는 것을 알게 된다.

그들은 백성을 제대로 다스리기는커녕 오히려 백성의 것을 약탈하고, 백성을 결속시키기는커녕 분열의 씨앗을 뿌렸다. 그 때문에 이 지방에서는 도둑질과 싸움을 비롯하여 온갖 무법이 날뛰고 있었다.

발렌티노 공은 이곳에 평화를 가져오고 군주를 따르게 하기 위해서는 선정을 베푸는 것이 필요하다고 생각했다.

그래서 라미로 데 로르카라는 냉혹하고 결단력 있는 인물에게 전권을 주고 그 임무를 맡게 했다. 라미로는 순식간에 평화를 되찾아 통일을 이루고 명성을 떨쳤다.

그러자 발렌티노 공은 민중의 반감을 사는 것이 두려워

라미로에게 그렇게까지 큰 권한을 부여하는 것은 좋지 않을 거로 생각했다. 그래서 영내 중앙에 법원을 설치하여 매우 유능한 법관을 임명하고 각 도시가 각각 변호인을 둘 수 있도록 하였다.

또한 지금까지의 가혹한 통치가 자신에 대한 증오의 원인이라는 것을 알게 되자, 그러한 민중의 마음을 불식시키고 그들을 자기편으로 만들기 위해 '지금까지 잔인한 조치가 취해졌다면, 그것은 자기 잘못이 아니라 지방 장관 라미로의 냉혹함 때문'이라고 믿게 하려 했다.

기회를 기다리던 공은 어느 날 아침 체세나의 마을 광장에서 라미로를 두 동강이로 베어 버린 후 바로 판자와 피투성이의 칼을 내려놓았다.

이 처참한 광경에 백성들은 깜짝 놀라면서도 만족감을 느꼈다.

'뜻밖의 현실'이라는 구원 투수

여기서 본론으로 돌아가자.

이제 발렌티노 공의 권력은 막강하고, 마음껏 병력을 다지고 상대가 될 인근 군대를 거의 멸망시킴으로써 당면

한 위기를 극복하고 있었다.

이제 영토 확장을 추진하려면 남은 걱정거리는 프랑스 왕뿐이었다. 왜냐하면, 루이 12세는 늦게나마 자기 잘못을 깨닫고 있었기 때문에 더 이상 영토를 획득하려고 해도 루이의 지지를 얻을 수 없다고 생각했기 때문이다.

그래서 발렌티노 공은 프랑스와의 새로운 우호 관계를 모색하기 시작했고, 나폴리 왕국을 목표로 진격 중인 프랑스에 대해 모호한 태도를 취하기로 했다. 프랑스군은 가예타를 포위하고 있던 스페인군과 전쟁을 벌이려 했다.

발렌티노 공의 의도는 프랑스군으로부터 자기 자신을 보호하는 데 있었다.

이상의 내용이 당면한 문제에 대해 발렌티노 공이 취한 정책이다. 하지만 장래 그가 무엇보다 불안했던 것은 교회의 새로운 후계자가 자신에 대해 우호적이지 않아 알렉산데르 교황으로부터 받은 걸 그 후계자에게 빼앗기지 않을까 하는 것이었다. 그래서 그는 네 가지 방법으로 자신을 보호하려 했다.

첫째, 새 교황에게 붙을 틈을 주지 않기 위해 자신이 빼앗은 영토 지배자들의 혈통을 모조리 끊어버리는 것

둘째, 앞서 언급했듯이 로마 귀족들을 모두 길들여 그들과 함
    께 교황의 힘을 억누르는 것[발렌티노 공은 아버지인 교황
    조차 건드릴 수 없을 정도의 권력을 가졌던 시기도 있었다].
셋째, 추기경 회의를 가능한 자기 뜻대로 하는 것
넷째, 자력으로 최초의 공격을 견딜 수 있도록 현 교황이 살
    아 있는 동안 충분한 지배력을 획득하는 것

알렉산데르 교황 선종 전까지 이 중 3가지는 이미 실현
됐고, 네 번째도 거의 달성을 눈앞에 두었다. 빼앗은 나라
의 영주들을 붙잡아 죽여 살아남은 사람은 극소수였기 때
문이다.

게다가 로마 귀족들을 길들였고, 추기경 회의에서도 대
다수를 제압했다.

새로운 영토 획득의 경우 토스카나의 지배자가 되려고
재빨리 페루자와 피온비노를 점령해 피사를 비호하에 두
었다.

프랑스군은 스페인군에 의해 나폴리 왕국에서 쫓겨났
다. 양국 모두 발렌티노 공과 우호 관계를 맺을 수밖에 없
었고 프랑스에 대해 이젠 불안해할 필요가 없어졌기 때문
에 발렌티노 공은 피사에 덤벼들 참이었다. 그렇게 되면

루카와 시에나도 적대시하는 피렌체인[피렌체 공화국]에 대한 혐오감, 혹은 공포심 때문에 항복했을 것이다[적대시하는 피렌체인에게 굴복할 바에야 발렌티노에게 굴복하는 편이 낮다는 것].

피렌체인들도 대처할 방법이 없었을 것이다.

그런 식으로 모든 것이 성공했다면 알렉산데르 교황이 돌아가신 해에 모든 것을 이뤘을 것이다. 발렌티노 공은 엄청난 권력과 명성을 모두 가져 자력으로 더 이상 운이나 남이 아니라 자신의 권력과 수완에 의지했을 것이다.

그러나 그가 검을 뽑은 지 5년 후에 알렉산데르는 세상을 떠났다.

교황 사후 발렌티노 공에게 남은 이렇다 할 만한 것은 로마냐의 영지뿐이고 나머지는 모두 적대시하는 양대 강국, 즉 프랑스와 스페인에 끼여 허공에 뜬 상태다. 더구나 공 자신이 병에 걸려 빈사 상태였다.

그렇다 치더라도 발렌티노 공은 놀랄 정도의 기력과 수완의 소유자로, 어떻게 하면 민중을 자기편으로 만들 수 있을지, 혹은 멸망시킬 수 있을지 알고 있었다. 그렇게 짧은 기간에도 불구하고 그 토대는 매우 견고했기 때문에 두 강대국의 군세에 위협받지 않았다. 건강만 괜찮았다면 어떤 어려움도 극복할 수 있었을 것임이 틀림없다.

그가 쌓은 토대가 얼마나 탄탄했는지는 다음을 통해서도 알 수 있다. 로마냐 지방은 한 달 넘게 그가 재기하기를 기다렸다.

로마에서는 거의 죽을 뻔했는데도 신변은 안전했다. 또 바리오니 가문, 비텔리 가문, 오르시니 가문의 무리가 로마에 와서도 발렌티노 공을 거역하고 적의 편에 서려고 하는 자는 없었다.

더구나 발렌티노 공은 원하는 인물을 교황으로 만들지는 못했지만, 자신이 원하지 않는 자가 교황이 되는 것은 막을 수 있었다. 따라서 알렉산데르 교황 선종 시 발렌티노 공이 건강했다면 모든 것이 잘 되었을 것이다.

그리고 율리우스 2세가 새 교황으로 선출되던 그날 공은 이렇게 말했다.

"아버지가 돌아가셨을 때를 생각해 온갖 준비를 다 했다. 하지만 아버지가 돌아가실 때 나 자신도 다 죽어 가는 상태일 것이라고는 상상하지 못했다."

'엄격'하면서 '자비롭게'

이와 같이 발렌티노 공의 모든 행동을 돌이켜보면 비난할 수 없다. 오히려 앞에서 언급한 것처럼 운이나 타인의 힘으로 권력을 손에 쥔 군주가 모범으로 삼아야 할 인물이라고 생각한다.

왜냐하면 높은 뜻과 큰 용기를 갖고 있던 그도 이 이상은 불가능했기 때문이다. 교황 알렉산데르의 짧은 생애와 발렌티노 공 자신의 병마가 그의 계획을 방해했다.

자신의 새로운 군주국에서 적으로부터 몸을 보호하고 아군을 만들어 힘과 계략으로 승리를 거두고, 백성들로부터는 사랑과 경외를, 병사들로부터는 존경과 경외를 받으며, 군주에게 위해를 끼치는 자 혹은 그럴 우려가 있는 자를 말살하고, 구제도를 개혁하여 새로운 제도를 만들고, 엄격하면서도 자비롭고 관대하며 성품이 좋고, 충실하지 못한 군대를 해산하고 새로운 군대를 조직하여 왕이나 군주들이 자신을 호의적으로 지원하도록 우호적인 관계를 맺어 그들을 공격할 때 신중을 기한다.

이런 것들이야말로 새 군주국에 필수 불가결하다고 생각하는 사람에게 있어, 발렌티노 공의 처신보다 더 생생하게 느껴지는 예는 없을 것이다.

단 한 가지 비난받아야 할 것은 잘못된 선택으로 율리우스를 교황에 앉힌 것이다. 발렌티노 공의 처지에서 원하는 대로 교황을 선출하지 못하더라도 원치 않는 자가 교황의 자리에 오르는 것은 막을 수 있었을 것이기 때문이다.

그가 과거 억압했던 추기경이나, 교황이 되면 그를 두려워할 추기경 중에서 교황을 선택해서는 안 됐다. 인간은 두려움이나 증오로 인해 해를 가하려 하기 때문이다.

그가 일찍이 학대한 자는, 산 피엘로 애드 빈쿨라[훗날의 교황 율리우스 2세]나 콜론나, 산 조르조, 아스카니오 등이다. 또 다른 추기경들도 교황 자리에 오르면 그를 두려워할 것이 분명했다.

다만 루앙의 추기경이나 스페인 출신 추기경만은 예외였다. 전자는 프랑스 왕국이라는 강한 후원국이 있었고, 후자는 같은 나라 출신이라는 인연으로 은혜를 받고 있었기에 둘 다 발렌티노 공을 두려워하지 않았다.

그러므로 발렌티노 공은 누구보다 스페인인을 교황으로 세웠어야 했다. 그것이 무리라면 적어도 루앙의 추기경 선출에 찬성했어야 했다. 성 베드로 아도 빈크라에 동의해서는 안 되었다.

높은 지위에 있는 자들 사이에서 새로 은혜를 입으면 옛 원한도 물 흐르듯 사라진다고 생각하는 것은 큰 잘못이다.

발렌티노 공은 교황 선출 시 실수를 저질렀고, 그것이 자기 파멸의 최종적인 원인이 되었다.

제8장 ∥

'비정'은 한 번에,
한꺼번에 사용한다

원제 ∣ 사악하고 비도덕적인 수단을 통해
군주의 지위를 차지한 사람들

일개 시민에서 군주가 되는데는 또 다른 두 가지 방법이
있다. 운이나 역량 등에 전적으로 의지하는 것이 아니므
로 여기서 언급하고자 한다(그중 하나는 공화제를 다룬
장에서 더 폭넓게 논한다).

두 가지 방법은, '사악하고 무도한 수단으로 군위에 오
른 경우'와 '일개 시민이 다른 시민의 도움으로 군주가 되
는 경우'이다.

우선 첫 번째 방법에 대해 고대와 현대의 두 가지 예를

소개할 텐데, 여기서는 그 방법의 공과에 대해서까지 깊이 들어갈 생각은 없다. 방법을 따라 하고 싶은 자가 있다면 실례를 아는 것만으로 충분하다고 생각하기 때문이다.

가장 미천한 신분에서 왕이 된 아가토클레스

시칠리아의 아가토클레스는 일개 시민에서, 더욱이 최하층의 미천한 신분에서 시라쿠사의 왕이 되었다. 그는 항아리를 만드는 도공의 아들이었지만 평생 비도덕적인 삶을 살았다.

몸과 마음이 강인했던 그는 군대에 들어가자 승승장구하며 계급이 올라가 시라쿠사의 군사령관이 됐다. 지위를 확고히 하자, 이번에는 군주가 되기로 결심하고 지금까지는 다른 사람들의 동의로 주어졌던 자리를 누구의 덕도 보지 않고 폭력으로 획득하기로 결심했다.

카르타고[현재의 튀니지 근처]의 하밀카르가 군을 인솔해 시칠리아를 공격했을 때의 일이다. 아가토클레스는 자신의 계략을 하밀카르에게 전해 주고, 어느 날 아침 국정 관련 심의가 있다고 믿게 만들어 시라쿠사 시민과 원로원을 소집했다. 거기서 신호를 보내 휘하의 병사들에게 원로원

의원과 부유한 시민을 한 명도 빠짐없이 살해하게 했다. 이렇게 해서 시민의 저항을 전혀 받지 않고 이 도시의 군주 자리에 오른 것이다.

그는 나중에 카르타고군에게 두 번 패하고 마침내 포위되지만, 자신의 도시를 방어했을 뿐 아니라 병사 일부에게 포위망 수비를 맡기고 나머지 병사들을 이끌고 아프리카를 공격했다.

곧바로 카르타고군의 시라쿠사 포위가 풀려 적군은 궁지에 빠졌다. 그 결과 카르타고는 아가토클레스와 협정을 맺어 아프리카의 영유만으로 만족할 수밖에 없었고 시칠리아를 그의 손에 내주게 됐다.

아가토클레스의 행동과 삶의 방식을 살펴보면 운에 의지하지 않고 있다고 해도 과언이 아니다. 그는 누구의 도움도 받지 않고 여러 가지 어려움과 위험에 맞서 군대에서의 계급을 한발 한발 올려 군위에 도달했다. 그 후에도, 위험을 마다하지 않는 여러 결단으로 그 지위를 유지했다.

그렇다고 동포인 시민을 학살하고, 동료를 배신하고, 신의나 자비심이나 종교심이 모자란 것을 군주의 덕이라고 부를 수는 없을 것이다. 그런 식으로 지배권을 잡을 수는 있어도 영광을 차지할 수는 없다.

확실히 아가토클레스가 위험에도 아랑곳하지 않고 궁지를 벗어날 때의 수완이나 역경을 견디고 이를 극복하는 정신력은 그 어떤 뛰어난 지휘관보다 못하지 않다.

그래도 무수한 악행, 잔학함과 비인간성을 생각하면 그를 걸출한 영웅의 한 사람으로 꼽을 수는 없다.

방해자를 없애고 군주가 된 예

현대로 눈을 돌리면 교황 알렉산데르 6세의 치세에 페르모의 올리베로트라는 인물을 예로 들 수 있다.

그는 어린 나이에 아버지를 잃고 외삼촌 조반니 폴리아니의 손에 자라 꽤 젊은 나이에 비텔리 가문 파올로의 부하로 병사가 되었고, 훈련을 쌓아 군대의 높은 계급에 오르고 싶어 했다.

그 후 파올로가 죽자, 그 동생 비텔로초의 부하가 되었고, 재주가 있고 심신이 강인했기 때문에 또다시 부대의 중요 인물이 되었다.

하지만 타인을 모시는 것을 굴욕적이라고 생각한 그는 조국의 독립보다 예속을 선호하는 일부 페르모 시민의 지원과, 거기에 비텔리 가문의 도움을 받아 고향 페르모를 점령하고자 한다.

이에 삼촌 조반니 폴리아니에게 다음과 같은 편지를 썼다.

집을 떠난 지 오래됐는데 외삼촌도 뵙고 싶고 고향 마을도 눈으로 보고 싶습니다. 또 내가 상속받을 재산이 어느 정도인지도 알아두고 싶습니다. 지금까지의 고생은 가능한 한 명예를 쌓아 올리고 조금의 시간도 낭비하지 않았다는 것을 고향 사람들에게 알리기 위해서입니다. 그래서 친구나 부하 100명을 이끌고 당당하게 페르모로 돌아가고자 합니다. 시민들이 정중하게 환영해 주도록 주선해 주실 수 있는지요. 그러면 저뿐만 아니라 절 양육해 준 외삼촌의 명예도 되지 않을까요.

그러자 조반니는 조카를 위해 빈틈없이 준비했고, 페르모 시민들의 정중한 환영을 받은 올리베로트를 자신의 저택에 머물게 했다.

올리베로트는 삼촌 집에서 며칠을 지내며 남몰래 악행을 준비했고, 어느 날 큰 잔치를 벌여 삼촌 조반니를 비롯해 페르모 마을의 유력 인사들을 모두 초대했다. 이윽고 식사를 마친 후 여흥도 일단락되었을 무렵, 올리베로트는 교묘히 심각한 이야기를 꺼냈다.

알렉산데르 교황과 아들 체사레 보르지아가 얼마나 막대한 힘을 가졌는지, 심지어 두 사람이 무슨 일을 꾸미고 있는지에 대해 이야기한 것이다.

대화에 합류한 조반니와 다른 패거리들이 와글와글 논쟁을 벌이자, 올리베로트는 자리에서 일어나 '이런 이야기는 좀 더 비밀스러운 장소에서 하는 게 좋겠다'라며 방으로 들어갔다.

조반니와 권력을 가진 시민들이 줄줄이 따라갔다. 그들이 자리에 앉기도 전에 올리베로트 휘하의 병사들이 뛰어들어와 조반니를 비롯해 전원을 죽였다.

암살을 완수하자 올리베로트는 말을 타고 온 동네를 누비며 최고 행정부의 고위 관리들을 건물에 밀어 넣고 포위했다. 고관들은 공포에 질린 나머지 그에게 복종했고, 올리베로트는 그들에게 신정부 수립을 강요하고 군주가 되었다.

이어 그는 자신에게 맞설 우려가 있는 불만분자를 남김없이 살해하고 새롭게 민사 및 군사 제도를 정립해 자신의 입지를 다졌다.

그로부터 1년도 채 지나지 않아 올리베로트는 페르모

마을에서의 지위를 확고히 했을 뿐만 아니라 인근 국가들로부터도 두려워할 만한 존재가 되었다.

'잔학'은 단 한 번만 사용한다

앞서 말한 것처럼 체자레 보르지아가 시니가리아 땅에서 오르시니 가문과 비텔리 가문 사람들을 사로잡았을 때 보르지아에게 감쪽같이 속아 넘어가지 않았다면 올리베로트도 아가토클레스와 마찬가지로 실각하지 않았을 것이다.

하지만 결국 친족 살해 1년 후, 올리베로트는 시니가리아의 땅에서 과거 그의 수완과 악행의 스승이었던 비텔로초와 함께 교수형에 처한다.

'아가토클레스와 같은 사람들이 배신과 잔학을 무자비하게 다했는데도 자기 영토에서 오랫동안 평온하게 살고 외적을 막고 시민들 사이에서 반란도 일어나지 않은 것은 왜일까?'라고 의아해하는 사람도 있을 것이다.

보통 대부분의 지배자는 잔혹한 행위에 대한 불평불만이 쌓이면 불안정한 전시는 물론 평시에도 지배를 계속하기가 어렵기 때문이다.

그 차이는 어디서 오느냐 하면 **잔학함이 '잘' 쓰였는지 '나쁘게' 쓰였는지에 따른 것으로** 생각한다.

잔학함이 '잘' 쓰인다는 것은, 악에 '잘'을 붙이는 게 허용된다면 하는 말이지만, **자기 뜻을 지키기 위해 잔학함을 단 한 번만 사용하고 그 후에는 그러한 행위를 하지 않고 가능한 한 신민의 이익을 지키는 방향으로 전환**하는 경우를 가리킨다.

한편, '나쁘게' 사용한다는 것은, 잔혹함을 조금씩 내보이면서 시간이 지남에 따라 그만두기는커녕 더욱 심하게 하는 경우이다.

첫 번째 방식을 취하면 아가토클레스처럼 신과 민중의 도움을 받아 적절한 대책을 마련할 수 있지만 두 번째 경우에는 지배를 유지할 수 없게 된다.

은혜는 '조금씩' 베푼다

여기서 유의할 점은 국가를 탈취하는 자는 **어떤 가해행위가 필요한지 충분히 검토한 뒤 한 번에 실행해야 한다**는 점이다. 같은 행위를 반복하지 않음으로써 백성을 안심시키고 은혜를 베풀어 백성을 자기편으로 만들어야 한다. 겁에 질리거나 잘못된 판단을 해서 정반대로 해버리면 마지막까지 항상 손에서 검을 뗄 수 없게 될 것이다.

신하는 날마다 끊임없이 박해받으므로 군주에 대해 안정감을 느끼지 못하게 되고, 군주도 신하에게 의지할 수 없게 된다.

요컨대 박해는 단번에 끝내 사람들에게 심한 고통을 주지 않고 큰 원한을 사지 않도록 한다. 반대로 혜택을 줄 때는 사람들이 이를 자주 맛보게끔 소소하게 자주 베푸는 것이 좋다.

또 군주는 무엇보다 자기 신하들과 생활을 같이하고, 좋은 일이든 나쁜 일이든 어떤 돌발적인 사태가 발생했을 때 평소와 다름없는 행동을 취해야 한다.

역풍이 불었다고 해서 갑자기 악행으로 일을 해결하려 해도 때가 늦고, 이후에 은혜를 베풀어도 어쩔 수 없이 하는 것으로 밖에 볼 수 없으므로 누구도 감사한 마음을 갖지 않는다.

제9장 ‖

'지지'로 군주가 되었을 때

원제 | 시민형 군주국

다음으로 일개 시민이 극악무도한 용서할 수 없는 폭력에 의해서가 아니라 또 다른 방식인 다른 시민의 지지로 군주가 되는 경우를 살펴보자.

이는 '시민형 군주국'이라고 할 수 있는데, 여기서 필요한 것은 탁월한 역량이나 좋은 기회가 아니라 기회를 이용하는 교활함이다.

게다가 민중에게 지지를 받아 군주가 되는 경우[일반 사람에게 지지받는 경우]와 귀족의 지지로 군위에 오르는 경우[높은 신분의 사람에게 지지받는 경우]가 있다. 어느 도시에나 이들 둘의 다른 세력이 있는데 **민중은 귀족으로부터 명령을 받거나 억압받는 것을 싫어하고 귀족은 민중에게 명령하고 억압하기를 원한다.**

이러한 양자의 욕구 차이에 따라 도시에서는 군주 정치 체제, 자유, 무질서 중 하나가 생겨난다.

적으로 만들려면 민중보다 귀족

군주 정치 체제는 민중이나 귀족 중 한 사람이 기회를 잡았을 때 만들어진다.

귀족들은 민중에 대항할 수 없게 되었다고 판단하면 자기 중 한 사람에게 명성을 모아 군주로 만들고 그 인물의 배후에서 자신의 욕망을 채우려 한다.

한편, 민중도 귀족에 저항할 수 없다는 것을 알게 되면 한 시민의 평판을 높여 그 인물을 군주로 치켜세운 뒤 그 권력으로 자신을 보호하고자 한다.

귀족의 지원을 받아 군주의 지위에 오른 자는 민중에 의해 군주가 된 자에 비해 그 지위를 유지하기가 훨씬 어렵다. 귀족의 지지로 만들어진 군주는 애초에 '군주는 자신과 대등하다'라고 생각하는 자들에게 둘러싸이기 때문에 그들에게 쉬 명령하거나 마음대로 조종할 수 없기 때문이다.

그에 비해, 민중이 세운 군주는 독자적인 지위에 있고, 주위에 복종하지 않는 자가 전혀 존재하지 않거나, 있다고 해도 극소수다.

더구나 귀족들의 욕구는 정의에 의해서가 아니라 민중을 억압하는 것으로만 만족시킬 수 있다. 하지만, 민중의 욕구를 충족시키는 것은 충분히 가능하다. 귀족의 바람은 억압하는 것에 있고, 민중은 억압받지 않기를 바라기 때문에, 민중의 목적은 귀족의 목적보다 더 정의로운 것이다.

게다가 **백성은 수가 많아 백성을 적으로 삼으면 안심할 수 없지만, 상대가 귀족이라면 소수이기 때문에 보통 안심이 된다.**

백성을 적으로 돌린 군주는 최악의 경우 백성에게서 버림받는다.

하지만, 귀족을 적으로 돌린 군주는, 최악을 상정할 경우, 버림받을 뿐만 아니라 반역 당할 가능성도 있다는 점에는 주의해야 한다. 귀족들은 더 먼 미래를 내다보려 하고, 교활함으로 항상 자신을 보호하려는 목적에 매달려

승산이 있는 쪽으로 붙으려 하기 때문이다.

　이렇게 보면 군주는 늘 백성과 함께 살아가야 하지만, 귀족의 면면이 바뀌어도 잘 해낼 수 있을 것이다. 군주는 언제든 마음대로 귀족의 지위를 부여할 수도, 박탈할 수도 있고 그들에게 권위를 주거나 빼앗을 수도 있기 때문이다.

'민중의 지지'에 마음이 부서지다

　이 점을 보다 분명히 하기 위해 귀족을 지배하는 두 가지 방식을 생각해 보자. 즉, 당신의 운명에 좌우되도록 귀족을 통치하는 방법과 그렇게 하지 않는 방법이다.

　당신과 운명을 같이하면서도 탐욕스럽지 않은 자에게는 명예를 주고 보살펴야 한다.

　그렇지 않은 귀족에 대해서는 취해야 할 태도가 두 가지 있다.

　첫째, 소심하고 천부적인 의욕은 없지만 사려 깊은 귀족은 최대한 활용한다. 그렇게 해 두면 당신이 순풍일 때는 그들을 존중하면 되고, 설사 당신이 역경에 처하더라도 그들을 두려워할 필요가 없기 때문이다.

또, 악의나 야망 때문에 당신에게 순종하지 않으려는 자가 있다면, 그것은 당신보다 자기 자신을 더 생각하고 있다는 증거이다. 군주는 그런 무리를 경계하고 공공연한 적으로 간주해 두려워해야 한다. 왜냐하면 그들은 군주가 역경에 빠지는 즉시 군주를 파멸시키는 데 가담하기 때문이다.

따라서 민중의 지지로 군주가 된 사람은 항상 민중을 자기편으로 끌어들여야 한다. 무엇보다 백성들은 억압받지 않기만을 바라기 때문에 군주 편으로 만드는 것은 어렵지 않다.

한편, **귀족의 후원으로 백성의 뜻을 거스르고 군주가 된 자는 무엇보다 먼저 백성의 마음을 사로잡아야 한다.** 백성을 지켜주기만 해도 쉽게 가능하다. **인간은 해를 끼칠 것으로 생각했던 사람으로부터 혜택을 받으면 더 큰 은혜를 느끼게 된다.**

즉, 자신들이 지지하여 군주의 자리에 오른 자보다 그렇지 않은 군주에 대해 더 호의적이다.

군주는 백성들을 자기편으로 만들어야 하며, 그렇지 않으면 역경에 빠졌을 때 속수무책이라고 결론지을 수 있다.

스파르타의 왕 나비스는 계속되는 로마군과 그리스군의 포위공격을 견뎌내고 조국과 영토를 지켰다. 비록 위기가 닥치더라도 별 볼 일 없는 자로부터 자신을 보호하기만 하면 되었다. 하지만 만약, 나비스가 민중을 적으로 돌렸다면, 그렇게는 끝나지 않았을 것이다.

'평상시의 말'을 신용하지 않는다

나의 의견이 '민중에 기반을 두는 것은 진흙 위에 기초를 쌓는 것과 같다'라는 진부한 속담을 인용해 반박되지 않기를 바란다.

확실히, 일개의 시민이 적이나 고관에게 억압당했을 때, 자신과 같은 민중의 힘을 믿고, 그들이야말로 자신을 구해 준다고 믿으면, 이 속담대로 된다[민중이 민중을 의지하는 패턴]. 예를 들면, 로마의 그라쿠스 형제나 피렌체의 조르조 스컬리처럼 민중에게 속는 일은 자주 있다.

그러나 군주가 백성에게 기반을 두고, 명령을 내리며, 용기가 있고, 역경이 닥치더라도 당황하지 않고 준비를 게을리하지 않으며, 용감무쌍하게 백성을 고무한다면 결코 백성에게 기만당하는 일은 없을 것이고, 그 기반은 흔들리지 않을 것이다.

그러나 이러한 군주국이 시민에 의한 제도를 폐지하고 절대적 권력을 가지려 하는 순간 위험에 처할 것이라는 사실도 기록해야 한다.

군주는 스스로 또는 행정관료를 통해 나라를 통치하고 있는 것이지만, 후자의 경우 군주 정권은 약하고 위험으로 가득 차 있다. 군주는 집정관으로 임명된 자들에게 휘둘린다.

더구나 그들은 특히 역경이 닥치면 군주에게 반역하거나 명령을 어기고 손쉽게 군주로부터 지배권을 빼앗는다.

군주가 위기에 처한 후 절대적 권력을 휘두르려 해도 이미 때는 늦다. 지금까지 집정관의 명령을 따르는 데 익숙한 시민과 신하들은 비상사태에 직면해도 군주의 명령을 따르지 않기 때문이다.

따라서 유사시에 군주를 신뢰할 수 있는 사람은 극히 적다.

이런 군주는 **시민이 군주를 필요로 하는 평시 때의 모습만으로 사람을 신뢰해서는 안 된다.**

왜냐하면 죽을 위험이 거의 없는 때에는 누구나 군주에게 달려가거나 약속해 주기 때문이다.

죽음이 저 멀리 있을 때는 누구나 군주를 위해 죽을 각오가 되어 있다고 말한다. 그런데 풍향이 바뀌어 군주가 실제로 시민을 필요로 할 때는 그런 사람은 거의 나타나지 않는다. 애초에 그런 경험을 하는 것 자체가 위험하기 짝이 없어 일생에 한 번 있을까 말까 하다.

따라서, **현명한 군주는 언제 어떤 상황에서도 시민들에게 지금의 군주와 정권이 꼭 필요하다고 느끼게 하는 방안을 마련해야 한다.** 그러면 시민들은 언제까지나 충성을 다할 것이다.

제**10**장 ||

'자력 있는 집단'을 만들려면

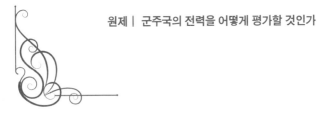

원제 | 군주국의 전력을 어떻게 평가할 것인가

이러한 군주국의 특성을 검토하기 위해서는 다른 관점이
필요하다.

무슨 일이 일어났을 때 군주가 자력으로 버틸 수 있는
나라인가, 아니면 제삼자의 지원이 필요한 나라인가 하
는 관점이다.

더 자세히 말하면, 자력으로 감당할 수 있는 나라란 풍
부한 재력이나 인재로 적절한 군대를 갖추고 어떤 침략자
와도 일전을 벌일 수 있는 나라다.

반대로 항상 제삼자를 필요로 하는 나라는 전쟁터에 나

가 적과 대치하지 못하고 성벽 안에 틀어박혀 방어하는 나라를 말한다.

넘어지지 않는 강한 조직의 '내부'

첫 번째 경우는 이미 논했고, 앞으로도 언급하게 될 것이다.

두 번째 경우는, 단지 다음과 같이 조언하고자 한다. 그런 나라의 군주는 오로지 자기 도시의 수호를 강화하고 성벽 밖의 일에는 전혀 신경 쓰지 않는 것이 좋다.

도시의 방위를 확실히 하면, 나머지는, 앞에서 말했듯이 (나중에도 논하겠지만), 신하에 대한 조치를 마련해 둔다. 그러면 공격하는 쪽은 신중할 수밖에 없다.

왜냐하면, 인간은 어려움이 눈에 보이는 계획에 대해서는 항상 뒷걸음질 치기 때문이다. 하물며 방위가 철저해 백성의 원한도 사지 않는 지배자를 쳐내는 일이 쉽지만은 않을 것이다.

독일의 여러 도시는 철저히 독립되어 주변에 속령을 가지고 있지 않다. 필요하다고 판단하면 황제를 따르지만 애초에 황제나 인근 권력자들을 전혀 두려워하지 않는다.

도시들은 견고한 성채로 지켜져 여간 고생하지 않으면 정복할 수 없다고 누구나 생각하기 때문이다.

실제로 그 도시들은 제대로 된 해자(垓字)와 성벽 그리고 대포도 충분히 갖추고 있다. 공용 창고에는 1년 치 식수, 식량, 연료가 저장돼 있다.

게다가 하층민들이 먹고 살 수 있도록, 그리고 국고에 부담도 가지 않는 방식으로 1년간은 항상 그들에게 일감을 준다. 이런 일감이 있기에 도시에 활력과 생명력이 깃들어 있고, 그 일 자체는 하층민들의 일상 양식이 된다.

그뿐만 아니라 군사훈련을 중시해 여러 가지 규칙을 마련하고 실천한다.

요컨대, 견고한 성벽으로 둘러싸인 도시를 가지고 있고 민중에게 미움을 사지 않은 군주는 공격받는 일이 없다. 만일 공격당한다고 해도 침략자에게 불명예스러운 결과가 될 뿐이다. 세상일이란 쉽게 변하기 때문에 군대를 이끌고 1년 동안 포위를 계속하는 것은 불가능하기 때문이다.

사람은 은혜에 '의무감'을 느낀다

그런데도 성 밖에 개인 재산을 가진 사람들은 사재가 불에 타는 것을 가만히 보고만 있을 수 없고, 오랜 농성 생활과 사욕에서 군주의 일 따위는 까맣게 잊어버리는 것이 아니냐고 반박하는 사람도 있을지 모른다.

그러나 용감하고 강한 군주라면 이런 재앙은 오래가지 못할 것이라고 신하들에게 희망을 주고, 때로는 적의 잔학성에 대한 두려움을 부추기고, 또 어떨 때는 무모한 짓을 하는 부하들을 교묘히 물리침으로써 난국을 헤쳐 나갈 것이다.

이 밖에도 적군은 도시 안에 도착하자마자 의연히 촌락을 불태우거나 부수는데, 이때 시민들은 아직 혈기 왕성하여 적극적으로 방어한다. 따라서 군주는 두려워할 필요가 없다.

그러나 얼마 지나지 않아 시민들의 사기가 다소 떨어질 무렵에는 이미 큰 타격을 입고 재앙이 초래되어 더 이상 걷잡을 수 없게 된다. 그렇게 되면 사람들은 점점 더 군주와 일체화된다. 군주를 지키려다 보니 자신들의 집이 불타고, 자신들은 재산을 잃었으니 군주는 필시 자신들에게 은혜를 입었다고 느끼고 있을 것으로 생각하기 때문이다.

인간이란 받은 은혜에 대해서도, 베푼 은혜에 대해서도 의무를 느끼는 법이다. 그런 생각을 해보면 사려 깊은 군주가 적에게 포위됐을 때는 식량과 방위 수단만 잘 챙기면 시민들의 사기를 북돋우는 것은 그리 어렵지 않다.

제11장 ||

사고방식이 '동일'한 집단

원제 | 교회 군주국

마지막으로 교회 군주국에 대해 논하고자 한다.

교회 군주국은 나라를 손에 넣기까지 수많은 어려움을 겪는다. 하지만, 역량이나 운으로 일단 나라만 손에 넣으면 유지하는 데는 더 이상 역량이나 운 그 어느 것도 필요하지 않다.

교회 군주국에서는 종교에 뿌리를 둔 전통적이고 공고한 제도에 힘입어 군주가 어떤 행동을 취하든, 어떤 생활을 하든 군주의 자리는 흔들리지 않는다. 즉 군주는 방어할 필요가 없고, 신민을 통치할 필요가 없는 것이다.

방위가 허술해도 국토를 빼앗길 염려는 없고, 신민도 어떤 식으로 통치되고 있는가 하는 통치 방식에 관심을 두지 않는다. 군주로부터 돌아설 생각도 하지 않고, 사실 반역 따위는 할 수가 없다.

따라서 교회 군주국은 유일하게 평안하고 행복한 군주국이라고 할 수 있다.

그런 나라는 인간들이 다다르지 못하는 높고 원대한 근원에 의지하므로 여기서 더는 논하지 말자. 신이 건국하고 지키는 나라에 대해 왈가왈부하는 것은 오만하고 자만한 일이다.

하지만 만약 속세에서 교회의 권력이 이렇게까지 막강해진 것은 무엇 때문이냐고 묻는 자가 있다면, 이미 다 아는 일이라고는 하지만, 그 경위를 다시 한번 상기하는 것도 헛되지 않을 것이다.

사실 알렉산데르가 교황이 되기 전까지는 이탈리아의 권력자들, 즉 열강으로 불리던 군후들은 물론이고 약소한 봉건 귀족이나 보잘것없는 영주들까지도 교회가 속세에서 갖는 권력을 거의 두려워하지 않았다.

그런데 이제 로마교회는 프랑스 국왕을 떨게 하고 프랑스를 이탈리아에서 몰아내며 베네치아 공화국을 파멸시킬 정도로 강해지고 있다.

양대 불안—'외부 침입'과 '내부 확대'

프랑스의 왕 샤를이 이탈리아로 내려올 때까지 이탈리아는 교황, 베네치아인, 나폴리 왕, 밀라노 공, 피렌체인이 지배하고 있었다.

이탈리아반도 내 이들 강국에는 당시 주로 두 가지 불안 요소가 있었다.

하나는 '외국에서 누군가 무력으로 침입하는 것 아니냐?'라는 불안, 다른 하나는 '우리 중 누군가가 영토를 확장하려는 것 아니냐?'라는 불안이다.

열강들이 가장 두려워한 것은 교황과 베네치아였다. 베네치아를 억누르기 위해서는 페라라를 지켰을 때처럼 다른 나라들이 뭉쳐야 했다.

한편, 교황 세력을 약화하기 위해서는 로마의 봉건귀족[교황을 배출하는 경우도 있고 교황의 권위에 복종하지 않는 경우도 있었다]이 이용되었다. 이들은 오르시니 가문과 콜론나 가문 두 파로 분열돼 끊임없이 분쟁을 일으켰고 교황 앞에서도 무기를 들고 싸웠다. 그 결과 교황 권력은 약해지고 불안정해졌다.

　때로는 식스투스 4세 같은 용감한 교황도 나왔지만, 그때그때의 운도 그의 예지도 이런 난제를 떨쳐낼 수 없었다. 교황이 단명한 것도 이로 인한 것이다.

　교황의 재위 기간은 평균 10년. 그 사이, 겨우 두 파의 어느 한쪽을 쓰러뜨릴 뿐이다. 가령 어떤 교황이 콜론나 가문을 거의 멸망시키더라도 다음에 오르시니 가문의 적, 즉 콜론나파 교황이 나와 콜론나 가문을 되살린다. 그렇다고 새 교황도 오르시니 가문을 완벽하게 해치울 만한 시간이 없다.

　이로 인해 이탈리아에서 교황의 세속 권력은 그다지 중시되지 않았다.

사욕은 보이지 마라
'대의'에 인심은 모인다

　이윽고 알렉산데르 6세가 즉위하자 그는 재력과 무력을 가진 교황이 어느 정도의 권력을 손에 쥘 수 있는지를 과거 어떤 교황보다 분명하게 보여주었다.

　그는 아들 발렌티노를 조종해 프랑스 남하를 절호의

기회로 여기고 앞서 언급한 발렌티노의 행적을 모두 해냈다.

교황의 의도는 로마교회를 막강하게 만드는 것이 아니라 발렌티노 공의 세력을 강화하는 데 있었지만, 결과적으로 로마교회의 융성을 가져왔다. 교황이 죽고 발렌티노 공도 망하자, 알렉산데르의 성과를 이어받은 것은 로마교회였다.

그 후에 율리우스 2세가 교황이 되었는데, 그때 이미 그는 로마냐 전역을 손에 넣어 로마의 봉건 귀족은 근절되었고, 오르시니 가문과 콜론나 가문의 두 파도 알렉산데르에게 제압당한 상태여서 교회는 막강한 존재였다.

게다가 율리우스는 알렉산데르 시대에 처음 등장한 성직 매매라는 새로운 재산 축적 수단을 쓸 수 있었다.

율리우스는 그 수단을 더 밀어붙여 볼로냐를 손에 넣고 베네치아를 무너뜨리고 이탈리아에서 프랑스군을 몰아내려 했다.

그런 시도는 모두 성공했는데, 모두 율리우스 자신의 사리사욕을 위해서가 아니라 교회의 세력을 확장하기 위해서였다는 점에서 더욱 칭송받았다.

오르시니 가문과 콜론나 가문의 두 파는 당시 이미 약

체화되었지만, 율리우스는 그 상태를 유지할 수 있었다.

두 파벌 중에는 분쟁을 일으킬 지도자들이 있긴 했으나 두 가지 사태가 이들을 제지했다.

하나는 교회의 권력이 워낙 막강했기 때문에 그들은 겁을 먹었다.

또 하나는 이들 중 추기경이 나오지 않았다는 점이다. 추기경이 있었다면 분쟁의 불쏘시개 역할을 할 것이기에 어떤 경우에도 얌전히 있지 않았을 것이다.

추기경들이 로마 안팎에서 각자의 당파를 만들어 내기 때문에 봉건 귀족들은 어느 한 당파를 지원할 수밖에 없다. 따라서 고위 성직자들의 야심이 원인이 되어 봉건 귀족들 사이에 불화와 소요가 발생하는 것이다.

이러한 경위에서, 레오 교황 예하[《군주론》 집필 시의 교황]는 지금과 같은 매우 강대한 교황의 자리에 앉아 있다.

그동안 교황은 무력으로 교회를 막강하게 만들었지만, 예하는 선함과 무궁무진한 덕으로 교회를 위대하고 숭고한 존재로 만들기를 바라는 바이다.

제12장 ||

'외부'에 의지하는 위험

원제 | 무력의 종류와 용병

다양한 성격의 군주 정체에 대해서, 각각의 선악의 원인
과 나아가 군주들이 국가를 손에 넣고 그것을 보유해 온
수단에 대해서도 이미 살펴보았다.

다음으로, 어떤 정치 체제에도 필요한 공격과 방위에
대해 알아보자.

군주에게 튼튼한 토대를 갖는 것이 얼마나 중요한지는
이미 말한 대로이다. 토대가 없으면 파멸의 길을 갈 뿐이다.

새로운 나라든 오래전부터 있던 나라든, 혹은 신구 혼
합의 나라든 중요한 기반이 되는 것은 '좋은 법률'과 '뛰

어난 군대'다. 뛰어난 군대가 없는 곳에 좋은 법은 없고,
좋은 군대가 있는 곳에 좋은 법이 있다.

여기서는 법에 대해 논하는 것은 생략하고 군대에 관해
이야기하기로 하자.

'용병'은 '집안 호랑이'
적 앞에서는 겁쟁이

군주가 나라를 지키기 위해 보유하는 군대는 자국군,
용병, 외국의 원군 또는 혼성군 중 하나다.

용병과 외국의 원군은 쓸모없고 위험하다. 용병에 의
지해 국가를 일궈도 안정은커녕 안전조차도 확보하지
못한다.

**용병은 야심은 많으나 규율이 없고 신뢰할 수 없으며,
아군에게는 용감해 보이지만 적 앞에서는 겁쟁이가 되고,
신을 두려워하지 않으며, 인간에 대해서는 불성실하기 때
문**이다. 용병의 경우 단지 공격을 미루는 동안 패배가 미
뤄지고 있을 뿐이다.

따라서 **군주는 평시에는 용병에게, 전시에는 적에게 세
력을 박탈당하고 만다.** 애초 용병들은 월급을 받기 위한

목적 외에 전쟁터에 머물 동기도 애착도 전혀 없다. 당신을 위해 목숨을 내놓기에는 월급의 액수가 너무 적다.

군주가 전쟁하지 않는 동안에는 병사의 신분으로 섬기려 하지만 막상 전쟁이 나면 전선에서 도망치거나 어디론가 사라지거나 둘 중 하나이다.

이는 오늘날 이탈리아의 몰락이 오랜 세월 용병에 의존한 결과임을 보면 분명하다. 용병도 몇몇 지휘관에 의해 나름대로 성과를 거뒀지만 용감해 보이는 것은 동료와 함께 있을 때뿐, 외국군이 들이닥치자마자 가면이 벗어졌다. 이렇게 프랑스의 샤를 왕은 실제로 싸우지 않고 분필 하나로 표시만 해 이탈리아를 감쪽같이 점령했다.

그 원인이 우리 이탈리아인의 잘못에 있다고 말한 사람이 있는데, 사실이다. 다만 잘못은 그가 믿는 바에 있다기보다는 군주에게 있었다. 그래서 벌을 받은 것도 군주였다.

높은 자리에 있는 자는 '현장'으로 가라

용병에 의한 군대가 얼마나 쓸모없는지 조금 더 설명하겠다.

용병대장 중에는 군사에 능한 사람도 있고 그렇지 못한 사람도 있다. 전자라면 신뢰할 수 없다. 왜냐하면 그들은 고용주인 군주를 압박하거나 군주의 의사를 저버리고 다른 세력까지 제압하며 자신의 힘을 과시하려 하기 때문이다.

그렇다고 유능하지 못한 용병대장이라면 군주는 파멸에 몰리게 된다.

여기서 용병이든 아니든 무력을 가진 자는 원래 그런 일을 하는 것이라고 반박하는 사람이 있다면 군주나 공화국은 어떤 식으로 군대를 이용해야 하는가에 대해 설명하는 것으로 답을 대신하고 싶다.

즉, **군주는 전장에 나가 지휘관이 되어야** 하고, 공화국에서는 그 나라의 시민을 병사로 파견해야 한다. 그리고 파견된 시민이 유능하지 않다는 것을 알게 되면 즉시 다른 시민과 교체해야 한다. 유능한 경우에는 자신의 임무를 벗어나지 않도록 법으로 구속해야 한다.

경험적으로 판단하건대 무력을 갖춘 군주 및 공화국만이 큰 발전을 이루었고, 용병은 손해만 입었다.

그리고 자국군을 가진 공화국이 외국인 부대로 무장한 경우보다 특정 시민(예를 들어 참주—신분을 넘어 군주가 된 자—와 같은 지배자)의 말을 따를 위험이 적다. 예를 들어 로마와 스파르타는 수 세기 동안 군비를 갖추고 독립을 지켜왔다. 스위스인도 강한 군대를 가지고 있어 완전히 자유롭다.

고대 용병으로는 카르타고를 들 수 있다. 로마와의 제1차 전쟁이 끝났을 때 카르타고는 자신들의 시민을 지휘관으로 두었다가 용병에게 제압당할 뻔했다.

마케도니아 필리포스는 에파메이논다스 사후 테바이인들에 의해 지휘관이 됐지만 전투에서 승리하자 테바이인들로부터 자유를 빼앗았다.

밀라노인들은 필리포 공[필리포 마리아 비스콘티]이 죽은 후 프란체스코 스포르차를 고용해 베네치아를 공략하게 했다. 그러자 스포르차는 카라바조에서 적을 꺾고 나서 고용주인 밀라노인을 제압하기 위해 이번에는 적이었던 베네치아인과 손을 잡았다.

스포르차의 아버지도 처음에는 나폴리 여왕 조반나의 용병대장이었지만 갑자기 여왕을 버리고 무방비 상태에 빠뜨렸다. 그래서 여왕은 왕국을 빼앗기지 않으려고 아라곤 왕의 슬하에 몸을 의탁할 수밖에 없었다.

하지만 '베네치아도 피렌체도 그때까지 용병을 이용해

지배권을 확대했고, 더구나 용병대장은 스스로가 군위에 오르지도 않고 굳건히 나라를 지켜오지 않았느냐'고 반박하는 자가 있다면 나는 이렇게 대답하겠다.

피렌체인들은 그저 운이 좋았을 뿐이다. 무력이 뛰어난 용병대장도 있기는 했지만, 어떤 사람은 승리를 거두지 못하고, 어떤 사람은 경쟁자에게 저지당하고, 또 어떤 사람은 야심을 다른 곳으로 돌렸다.

승리를 거두지 못한 사례로 존 호크우드[잉글랜드 출신 용병대장]가 있다. 그는 승리하지 않았기에 실제로 얼마나 고용주에 대한 충성심이 있었는지는 지금으로서는 알 수 없다. 하지만 만약 이겼다면, 피렌체인은 그의 뜻대로 되었을 것이다.

엄청난 시간을 들여 얻은 것을 '순식간'에 없애는 두려움

또 하나, 가장 최근의 예를 들어 보자.

피렌체는 일개 시민에서 크게 명성을 얻은 현명한 인물 파올로 비텔리를 용병대장으로 임명했다.

그가 만약 피사를 정복했다면 피렌체는 그를 용병대장

직에 남겨두어야 했을 것이다. 만일 그가 적의 용병대장이 된다면 승산이 없기 때문이다. 그렇다고 해도 곁에 두면 피렌체인은 그에게 복종하지 않을 수 없었을 것이다.

베네치아의 경우, 발전해 온 과정을 보면, 자국 군대로 싸우는 동안은 착착 화려한 업적을 올렸다. 즉 군사작전이 내륙으로 향하기 전까지는 귀족과 평민 모두 무장하고 용감하게 싸웠다.

하지만, 내륙에서 싸움을 시작한 순간 이러한 용감한 기풍을 잃고 이탈리아 전쟁의 방법을 따르게 되었다. 그래도 내륙을 향해 세력을 확장하기 시작할 무렵에는 그 정도의 영토도 없었고 나라의 명성도 높았기 때문에 자신들의 용병대장을 별로 두려워하지 않고 살았다.

그런데 프란체스코 부소네 다 카르마뇰라[통칭 카르마뇰라 백작]의 지휘하에 영토를 확장함에 따라 그 방책이 잘못되었음을 알게 된다. 왜냐하면 카르마뇰라가 통솔하여 밀라노 공을 무찌를 때 베네치아인은 그가 얼마나 뛰어난 수완을 가졌는지를 알았지만, 그때 그는 더 이상 전쟁에 열의를 가지고 있지 않았기 때문이다.

다시 말해 그를 용병대장으로 삼아도 전진할 기회는 없다. 그렇다고 해도, 그를 해고하면, 모처럼 빼앗은 것을 다시 잃게 된다.

그래서 베네치아인들은 신변의 안전을 도모하기 위해 어쩔 수 없이 그를 살해했다.

이후 베네치아는 용병대장으로 바르톨로메오 다 베르가모, 로베르토 다 산 세베리노, 피틸리아노 백작 등을 고용했지만 이들의 지휘 아래서는 새로운 영토 획득은커녕 오히려 잃을 것을 걱정해야 했다.

실제로 베네치아는 나중에 바이라에서 800년 동안 어렵게 얻은 것을 단 하루 만에 잃게 된다.

즉, 이런 용병대가 손에 넣을 수 있는 것이 있다고 하더라도 오랜 시간이 지난 후 결국 손에 넣을 수 있는 것은 보잘것없는 것뿐이며, 잃을 때는 반대로 순식간에 눈을 의심할 정도로 큰 것을 잃어버린다.

외부 세력을 잘 이용하는 방법

이상은 오랜 세월 용병에 의해 좌지우지되어 온 이탈리아의 사례다.

여기서는 용병대를 적절히 사용할 수 있도록 그 기원과 이후의 발전상을 돌아보자.

우선 이해해 주었으면 하는 것은 최근 황제의 권력이 실추되고, 교황이 세속에 대한 권력을 얻게 되자마자 이탈리아가 여러 나라로 분열되었다는 점이다[프랑스, 신성로마제국, 교황의 세속권을 둘러싼 다툼].

그때까지 황제의 비호 아래 여러 도시를 제압하고 있던 봉건 귀족들에게 많은 주요 도시가 무기를 들고 맞섰기 때문이다.

로마교회는 세속에서의 명성을 높이고자 이들 도시를 지원했다. 다른 많은 도시에서는 시민 중에서 군주가 나왔다.

이렇게 이탈리아는 대부분 교회와 공화국의 손에 넘어갔지만, 성직자도 시민들도 군대나 무기에 대해 낯설었기 때문에 외국 병사들을 고용하게 됐다.

이런 종류의 군대에서 가장 먼저 이름을 높인 사람은 로마냐 지방 출신의 알베리코 다 바르비아노[쿠니오 백작]였다. 그에게 훈련받은 사람은 많다. 특히 브라초와 스포르차는 당시 이탈리아의 지배자가 됐다.

두 사람 뒤에도 현재에 이르기까지 다양한 인물들이 용병대를 지휘해 왔다. 그 결과 이탈리아는 샤를에게 유린당하고, 루이에게는 약탈의 먹잇감이 되고, 페르난도에게 침략당하고, 스위스인으로부터 욕을 당하게 된다.

이들 용병대장이 취한 방안은 자신들의 평판을 높이기 위해 먼저 보병대의 명성을 빼앗는 것이었다. 용병대는 영토가 없기 때문에 자신들의 술책만 믿고 생계를 꾸려야 했기 때문이다.

소수의 보병으로는 명성을 얻을 수 없고, 그렇다고 많은 보병은 부양할 수 없다. 그래서 용병대장이 그럭저럭 데리고 있을 수 있는 범위 내에서, 게다가 적은 인원으로 명성을 얻을 수 있는 기병대를 노렸다. 이로써 2만 병력에서 보병대는 겨우 2,000명으로 줄었다.

이 밖에도 용병대장은 자신들은 물론 병사들의 노고와 공포심을 덜기 위해 전투에서는 적을 죽이지 않고 포로로 잡았고, 게다가 포로 석방 때 몸값도 받지 않으려 했다. 야간에는 성곽도시를 기습하지 않았고, 성을 지키는 병사들도 적의 야영지를 밤에 습격하지 않았다. 게다가 진영 주위에는 울타리나 도랑을 설치하지 않았고, 겨울철에는 야영하지 않았다.

병사들의 노고와 위험을 피하고자 고안된 이 모든 것이 용병대의 군사 규율 속에서 용인됐다. 그 결과, 용병대는 이탈리아에 노예화와 치욕을 안겨주게 된다.

제13장 ‖

지원은 때로 '원수'가 된다

원제 ‖ 외국의 원군, 혼성군, 자국군

쓸모없는 또 다른 전력으로는 다른 유력 군주에게 군대의 지원과 방위를 요구하며 불러들인 외국 원군이 있다.

최근에는 교황 율리우스 2세가 페라라를 공략할 때 용병대가 전혀 전쟁에서 성과를 내지 못한 것을 보고 타국에 도움을 청했다. 그는 스페인 국왕 페르난도와 동맹을 맺고 군대를 보내 도와 달라고 요청했다.

이러한 원군은 그 자체는 도움이 되지만, 불러들인 자에게는 큰 화근이 된다. **그들이 패배하면 자신도 멸망하고, 반대로 승리하면 그들의 포로가 되고 말 것이기 때문**

이다.

　이런 예는 예로부터 열거하기 어려울 정도로 많지만, 교황 율리우스 2세의 최근 사례를 더 다루고자 한다.

'제삼자의 도움으로 이기는 것'보다
'혼자 힘으로 지는 게' 훨씬 낫다

　율리우스 2세는 페라라를 손에 넣기 위해 전적으로 외국인의 손에 맡기기로 한 경솔한 결정을 내렸지만, 운이 좋아 앞서 말한 두 가지 결과는 초래하지 않았다.

　스페인의 원군이 라벤나에서 참패하자마자 스위스 용병대가 일어나 교황 자신을 비롯한 모든 사람의 예상을 뒤엎고 승승장구하는 적군을 쫓아낸 것이다.

　적군은 패주하여 교황은 적의 포로가 되지 않았고, 게다가 원군과는 다른 병력으로 승리했기 때문에 원군의 포로도 되지 않았다.

　율리우스 2세는 운이 좋았지만, 통상, 일은 그렇게 진행되지 않는다.

　피렌체에는 군대가 전무해서 피사를 공략하면서 프랑스 병사 1만 명을 불러들여 피사로 보냈다. 이 결정으로 피렌체는 그 어떤 힘든 시절보다 더 큰 곤경에 처했다.

콘스탄티노플의 황제[동로마제국 황제 요하네스 6세]는 인근 국가에 대항하기 위해 터키 병사 1만 명을 그리스로 보냈지만, 전쟁이 끝나도 이 원군은 귀환하지 않았다. 이것이 발단이 되어 그리스는 이후 이교도에 예속된다.

이처럼 외국의 원군은 용병보다 훨씬 위험하다. 원군의 병사들은 단결되어 있고 본래의 군주에게 충성을 맹세한 상태이기 때문이다.

그러나 용병의 경우에는 모두가 일치단결되어 있는 것은 아니고, 월급을 받고 있으므로, 설령 전쟁에서 이기더라도 고용주를 위협하기 위해서는 그 나름의 기회와 시간이 필요하다. 용병에서는 당신이 지휘관으로 임명한 사람이 당장 당신을 위협할 수 있는 권력을 갖는다고 보기 어렵다. **즉 용병이 더 위험해지는 것은 그들이 무기력할 때이고, 외국 원군의 경우에는 그들이 유능할 때다.**

따라서 현명한 군주는 외국의 원군에도, 용병에도 의지하지 않고 자국의 군대를 두려고 한다. **다른 나라의 병력을 빌려 얻은 승리 따위는 진정한 승리가 아니라고 생각하고, 제삼자의 힘으로 이길 바에야 혼자 힘으로 지기를 바라는 것**이다.

여기서는 체사레 보르지아가 취한 행동을 소개하고자
한다.

발렌티노 공[체자레 보르지아]은 프랑스군을 이끌고, 로마
냐로 들어가 이모라와 포를리를 빼앗았다. 하지만 그는
원군에게 불안감을 느꼈고, 용병대가 아직 덜 위험하다고
판단해 오르시니 가문과 비텔리 가문의 병사들을 고용했
다. 그런데 막상 쓰고 보니 이들 역시 의심스럽고, 충실하
지 못하고, 위험한 것으로 드러났다. 그래서 용병대를 없
애고 자국군에 의지하기로 했다.

각각 군대의 차이는 발렌티노 공이 프랑스군에만 의지
했을 때, 오르시니 가문이나 비텔리 가문의 용병을 고용
했을 때, 자국 병력만을 거느렸을 때 얻은 명성을 비교해
보면 일목요연하다. 발렌티노 공의 명성이 더없이 높아진
것은 자국 군대를 그가 완전히 장악하고 있다는 것을 사
람들이 알았을 때였다.

'타인의 무기'는 다루기가 어렵다

이런 이탈리아의 최신 사건뿐 아니라 6장에서 언급한
인물 중 한 명인 시라쿠사의 히에론에 대해서도 언급하고

자 한다.

히에론은 시라쿠사인에 의해 군 지휘관이 됐지만 자신이 지휘하는 용병대가 이탈리아 용병대와 마찬가지로 도움이 되지 않는다는 것을 깨달았다. 그리고 용병들을 그대로 두는 것도, 그렇다고 해고하는 것도 좋지 않다고 생각해 전원을 죽였다.

이후에는 타인의 병력을 사용하지 않고 자신의 군대로 싸웠다.

여기서 《구약성경》에 등장하는 한 인물에 대해서도 상기하고자 한다.

다비데는 펠리시테인 도발자 골리앗과 싸우겠다고 사울 왕에게 제안했다. 사울 왕은 다비데를 고무시키기 위해 자신의 무구를 그에게 건넸다. 다비데는 그것을 몸에 익혔지만 그것으로는 자신의 힘을 충분히 발휘할 수 없다며 무구를 돌려주고, 자신의 투석기와 단검으로 적에게 맞섰다고 한다.

즉, 남의 무기를 몸에 지니고 다녀도 등에서 흘러내리거나 짐이 되어 갑갑하거나 둘 중 하나이다.

루이 11세의 아버지 샤를 7세는 운과 역량에 따라 프랑스를 영국에서 해방했지만, 자국군을 갖출 필요성을 느끼고 국내에 기병과 보병으로 구성된 군대를 정비했다.

그런데 이후 아들 루이 왕은 보병대를 폐지하고 스위스 용병을 쓰게 됐다. 이 실정은 이후 국왕들에게도 이어져 프랑스 왕국의 위기를 초래하였다. 보병을 모두 폐지했기 때문에 기병은 다른 나라 보병의 지원을 받아야 했고, 그 결과 스위스 병사들에게 명성을 안겨주게 되어 프랑스군은 병력이 약해진 것이다.

프랑스 기병대는 스위스 보병과 협력해 싸우는 것이 습관이 돼 스위스 병사 없이는 이길 수 없다고 믿게 되었다. 프랑스군은 스위스군 없이는 달리 맞설 수 없게 된 것이다.

이리하여 프랑스 군대는, 일부는 용병, 일부는 자국 병이라고 하는 혼성군의 형태를 취해 왔다. 혼성군은 순전한 외국 원군이나, 순수하게 용병뿐인 군대에 비하면 나은 편이지만 역시 자국군에는 크게 뒤진다.

만약 프랑스 왕국이 샤를이 만든 군 제도를 강화 혹은 유지했다면 불패의 왕국이 되었을 것이다.

감칠맛의 뒤에는 '독'이 있다

인간이란 생각이 부족해 처음 감칠맛을 보면 그 뒤에 독이 도사리고 있는 줄도 모르고 달려든다. 앞서 말한 폐병 얘기와 같다. 따라서 병이 생겼을 때 바로 깨닫지 못하는 자는 진정한 명군이라고 할 수 없다.

무엇보다 진정으로 현명한 군주는 몇 명 되지 않는다. 여기서 더 나아가 로마제국 붕괴의 첫 번째 원인을 찾아보자면 고트인 용병을 쓰기 시작한 데 있다. 이것을 계기로 로마제국의 힘은 쇠퇴했고, 과거의 그 용맹한 모습은 모두 로마제국에서 떠나 고트인에게 옮겨져 버린 것이다.

내 결론은 이렇다.

자국군을 갖지 못한 군주국은 어디든 안심할 수 없다. 역경이 닥치면 자신을 방어할 힘이 없으므로 무슨 일이든 운에 맡겨진다. **'자신의 힘을 기반으로 하지 않은 권력자의 명성은 연약하고 믿을 것이 없다'**는 사실은 예로부터 현인들이 해온 말이다.

자국군이란 가신이라든가 시민, 혹은 당신이 어려서부터 키워 온 부하에 의해 조직된 군사력을 말하며, 나머지는 모두 용병 혹은 외국의 원군이다. 또한 자국군을 조직하는 방법에 대해서는 위의 4인[체자레 보르지아, 히에론, 샤를 7세, 다비데]의 군사 조직을 검토해 보면 좋을 것이다.

또 알렉산드로스 대왕의 아버지 필리포스를 비롯해 여러 군주나 공화국이 어떤 군대를 갖추고 어떻게 조직했는지 생각해 보면 좋다. 나는 그런 제도야말로 전폭적으로 신뢰할 수 있다고 본다.

제14장 ||

'노고'에 익숙해져라

원제 | 군주의 군사적 책무

군주는 전쟁과 군사 조직, 군사훈련 이외의 어떤 목적도 어떤 관심사도 가져서는 안 된다. 또, 그 이외의 것을 자신의 직무라 여겨서도 안 된다.

전쟁에 관련된 것만이 통치자가 본래 맡아야 할 유일한 책무이며, 선대로부터 자리를 물려받은 군주에게 그 자리를 유지하게 하는 힘일 뿐만 아니라, 대부분의 경우 일개 시민에서 군위에 오른 자의 힘이기 때문이다.

반대로 **군주가 군사보다 사치스러운 생활에 마음을 돌리면 틀림없이 나라를 잃는다.** 즉, 군주가 그 지위를 잃는 첫 번째 원인은 이 사명, 즉 군사적 책무를 게을리하는 데 있고, 군위를 획득하는 계기는 이 책무에 정통한 것이다.

'경멸'당하는 자의 특징

프란체스코 스포르차는 무력을 가진 탓에 일개 시민에서 밀라노 공이 됐지만 그의 아들들은 군무의 번거로움에서 벗어나려다 밀라노 공의 지위에서 한 시민으로 전락했다.

무력을 갖지 않으면 여러 가지 폐해가 일어나지만, 가장 심각한 폐해는 타인에게 경멸을 받는 것이다. 이것이야말로 나중에 논하듯 군주 된 자가 피해야 할 불명예 중하나다.

실제로 무력을 가진 자와 가지지 못한 자는 비교 자체가 불가하다. 예를 들면, 무력을 가진 자가 무력을 가지지 않은 자에게 복종하거나, 무력을 가지지 않은 자가 무력을 가진 추종자들에게 둘러싸여 한가로이 있다는 것은 있을 수 없다.

왜냐하면, 무력을 가진 신하는 무력을 가지지 않은 군주를 모멸하고, 무력을 가지지 않은 군주는 무력을 가진 신하에게 의심하는 마음을 갖게 되어 양자가 협력해서 잘 해 나가는 것은 불가능하기 때문이다.

군사에 정통하지 못한 군주는 어떤 불행에도 휘하의 병사들로부터 존경받지 못하고, 군주 또한 부하를 신뢰하지 못하게 되는 것이다.

평상시에 '유사시'를 상정한다

이처럼 군주는 항상 군사상 훈련을 염두에 둬야 한다. **평시라도 전시를 능가하는 훈련을 해야 한다.**

훈련에는 두 가지 방법이 있다. '실제적인 행동에 의한 훈련'과 '머리를 사용하는 훈련'이다.

행동 훈련에 대해 말하자면 **병사들을 능숙하게 조직해 훈련하는 것은 물론이고 자신도 늘 사냥에 나서 노고를 견디도록 몸을 단련시켜 두는 것**이다. 또한 그러는 동안 지형을 기억하여 산의 기복이나 계곡의 형태, 평야의 모습, 하천이나 늪의 특징을 잘 이해해 둘 필요가 있다. 군주는 이런 일에 가장 큰 관심을 가져야 한다.

이러한 지식은, 다음의 두 가지 점에서 유익하다.

첫째, 자기 나라를 잘 알아야 더 잘 방어할 수 있다.

둘째, 토지의 관찰과 현장훈련을 통해 다른 지역으로 갈 때에도 그곳의 지형을 쉽게 이해할 수 있게 된다.

예를 들어 토스카나 지방의 구릉이나 계곡, 평원, 하천, 늪 등은 다른 지방에 있는 것과 유사성을 가지고 있다. 어느 지역의 지형에 통달하면 자연히 다른 지역에 대해서도 금방 알 수 있게 되는 것이다.

이런 지식이 없는 군주는 지휘관이 갖춰야 할 첫 번째 자질이 부족하다. 그 지식이야말로 적을 발견하고, 야영지를 정하고, 군대를 전진시키고, 전투 대형을 정하고, 유리한 진을 치는 것을 가능하게 하기 때문이다.

아카이아의 군주 필로포이멘에 대해서는 지금까지 많은 저술가들이 찬사를 쏟았지만, 그는 평시에도 전술밖에 생각하지 않았다는 점을 높이 평가하고 있다.

그는 친구들과 시골 나들이를 할 때도 종종 멈춰 서서 이렇게 논했다고 한다.

"만일 적이 저 언덕을 점거하고 우리는 이쪽에 군사를 배치했다면 어느 쪽이 유리할까? 어떻게 하면 이쪽 진형을 무너뜨리지 않고 적을 맞을 수 있을까? 우리가 퇴각할 때는 어떻게 해야 할까? 적이 퇴각하면 어떻게 추격해야 할까?"

그리고 길을 가면서 전투에 즈음하여 일어날 수 있는 모든 사태를 친구들에게 제기하고, 상대방의 의견을 듣고, 자기 의견을 말하고, 여러 가지 근거를 들어 논의를 심화시켰다.

이처럼 끊임없이 생각한 결과 스스로 군대 지휘를 했을 때는 어떤 돌발적인 일이 일어나도 대처할 수 있었다고 한다.

'역사'는 현세를 사는 최상의 교재

머리를 사용하는 훈련의 경우 군주는 역사책을 읽고 그 속에서 위인들의 행동을 고찰하여 전쟁에서 그들이 어떻게 지휘했는지를 알고 승패의 원인이 어디에 있었는지를 검토하여 승리의 요인을 모방하고 패배의 원인은 피하도록 해야 한다. 그러한 위인들도 그 이전에 찬사와 영광을 받은 인물을 모방하고 그 행동을 모범으로 삼아 왔으니 똑같이 해야 하는 것이다.

알렉산드로스 대왕은 아킬레우스 그리스 신화의 영웅을, 카이사르는 알렉산드로스 대왕을, 스키피오는 키루스 왕을 각각 모범으로 삼았다.

또 크세노폰[고대 그리스 군인/문필가]이 쓴 키루스왕의 전기를 읽으면 스키피오가 그 일생을 통해 키루스왕을 모방해 온 것이 그에게 얼마나 큰 영광을 가져다주었는지 알 수 있다. 스키피오의 순결, 따뜻함, 인간성, 관대함이 크세노폰이 그린 키루스와 얼마나 닮았는지도 알게 된다.

현명한 군주는 이러한 태도를 지켜 평상시에도 결코 안일에 빠지지 않고 노력하여 마음가짐에 힘써 역경에 처했을 때도 지혜를 충분히 살릴 수 있도록 해야 한다.

이로써 비록 운명이 완전히 달려졌을 때라도 그것을 감당할 만큼의 대비를 해 놓아야 한다.

제15장

아랫사람을 대하는 태도

원제 | 인간, 특히 군주의 훼예포폄((毀譽褒貶), 세상의 평판)에 대해

본 장에서는 군주는 신하와 동지에게 어떻게 처신하고 통치해야 하는지 검토해 보자.

이에 대해서는 이미 많은 사람이 책을 저술하고 있지만, 지금 다시 내가 여기서 논하면 다른 논자와 분명히 다른 내용이라 거만하다는 말을 듣지 않을까 염려된다. 하지만 나의 목적은 독자에게 도움이 되는 글을 쓰는 것이고, 상상의 세계보다 진실을 추구하는 편이 적합하다고 생각한다.

'선'만으로는 파멸한다

그동안 많은 사람이 공화정체나 군주정체에 대해 한 번도 본 적도 없고 현실에 어떻게 존재하는지도 모른 채 상상으로만 논해 왔다.

그러나 '어떻게 살고 있는가?'와 '어떻게 살아야 하는가?'에는 큰 차이가 있다. 그러므로 **해야 할 일을 중시한 나머지 현실에서 이루어지는 일을 외면하는 자는 자신의 존속보다 파멸에 대해 배우는 것과 같다.**

왜냐하면 **매사에 선한 일을 행하려는 자는 선하지 못한 자들 속에서는 파멸할 수밖에 없기 때문**이다.

따라서 자신의 지위를 지키려는 군주는 좋지 않은 사람이 될 수 있음을 배우고 필요에 따라 그것을 사용하거나 사용하지 않아야 한다.

그럼, 공상의 세계 속 군주의 이야기는 제쳐두고 실재의 인물에 대해 논하자.

누구나 구설에 오를 때는, 특히 군주의 경우에는 높은 지위에서 특정 자질만 거론돼 비난받거나 찬사를 받기 마련이다.

예를 들어 '인심이 좋다' '인색하다' '아까워하지 않는다' '욕심이 많다' '냉혹하다' '자비롭다' '신용할 수 없다' '의리가 있다' '연약하고 소심하다' '잔혹하고 대담하다' '인간미가 있다' '오만하다' '호색한이다' '결벽증이 있다' '성실하다' '교활하다' '까칠하다' '친근하다' '당당하다' '경박하다' '믿음직스럽다' '신앙심이 없다'라는 등이다.

물론 지금 말한 자질 중 좋은 쪽만 모두 갖춘 군주가 칭찬받는 것은 당연하다고 누구나 인정할 것이다. 그러나 인간인 한 그러한 좋은 기질만을 갖추고 그것을 완벽하게 지켜 가는 것은 무리이다.

따라서 군주는 자신의 지위를 빼앗길 수 있는 악덕의 오명만은 피하도록 조심해야 한다.

군위를 빼앗길 정도는 아닌 악평도 피할 필요가 있다. 하지만, 불가능하다면 형편에 맡길 수밖에 없다.

더욱이 **악덕을 하지 않고서는 지배권을 지킬 수 없는 경우에는 악덕의 오명도 신경 쓸 필요가 없다.**

따지고 보면 미덕으로 보일지라도 이를 따라가면 자신이 파멸될 수도 있고, 겉으로는 악덕으로 보일 지라도 이를 통해 자신의 안전과 번영을 가져올 수도 있기 때문이다.

제16장 ||

'검약'에 힘쓴다

원제 | 선심(호기로움)과 인색함

이미 언급한 자질 중 우선 '선심'을 보자.

　인심이 후하다고 생각하는 것은 좋지만 일반인이 생각하는 것과 같은 인심은 오히려 해롭다. 원래 이렇게 처신해야 한다는 태도로 선심을 쓰면 사람들의 눈에 띄지 않기는커녕 오히려 악평을 사고 만다.

　즉, 많은 사람에게 인심이 좋다는 인상을 주려면 필시 화려하게 행동하지 않을 수 없게 된다.

　그런 군주는 자신의 전 재산을 탕진하고 말 것이다. 더구나 인심 좋다는 평판을 계속 유지하려 들면 백성을 억압하고 극단적인 중세를 부과하며 돈을 얻기 위해 온갖 짓을 서슴지 않게 된다.

이렇게 되면 사람들에게 원망을 사고, 결국 군주 자신은 가난해져 누구의 존경도 받지 못한다. 결국 관대함은 많은 사람에게 상처를 주고 극소수의 사람에게만 이익을 주게 되며, 사소한 일에도 흔들려 무언가 위험에 처하는 순간 궁지에 몰리게 된다.

군주가 그제야 그 사실을 깨닫고 행동을 고치려 하면 이번에는 인색하다는 악평이 나오는 것이다.

요컨대 군주가 선심이라는 미덕을 과시하며 인정받으려 하면 군주 자신이 타격을 입는다.

현명한 군주는 인색하다는 말을 듣는 것에 신경 쓰지 말아야 한다. 절약으로 세수가 넉넉해지고 외적으로부터 몸을 지킬 수 있으며 백성들에게 무거운 세금을 물리지 않고 큰 사업을 할 수 있는 인물이라는 것을 알면 시간이 지날수록 이 군주는 '인심이 좋다'는 평판이 따라온다.

이렇게 되면 군주는 사람들로부터 아무것도 빼앗지 않고 인심 좋게 행동하고, 소수 몇 명에게만 아무것도 주지 않고 인색하게 구는 셈이 되기 때문이다.

인색은 군주에게 필요한 소양

현재 대사업이 이뤄지는 것은 모두 '인색'한 인물들 때문이다. 그 이외의 사람들은 모두 망했다.

가령 교황 율리우스 2세는 인심이 후하다는 평판 덕에 교황의 자리에 올랐다. 하지만 그 후 전쟁을 치르기 위해 그 평판을 유지할 생각은 하지 않았다.

또 현재의 프랑스 국왕[루이 12세]은 국민에게 지나친 세금을 부과하지 않고 여러 차례 큰 전쟁을 치렀다. 장기간에 걸친 절약으로 막대한 지출을 충당할 수 있었기 때문이다.

현 스페인 국왕[페르난도 5세]도 인심 좋다는 평판이 있었다면 거듭된 전쟁에서 승리하지 못했을 것이다.

그러므로 군주는 인색하다는 말을 듣는 것에 너무 신경 쓰지 말아야 한다. 그렇지 않으면 사람들로부터 재산을 빼앗거나 외적으로부터 방어하지 못하거나 가난해지고 경멸받아 탐욕스럽게 될 수 있기 때문이다.

'인색함'은 지배자의 지위에 머물기 위한 악덕 중 하나이다.

만약 누군가가 '카이사르는 후덕함으로 로마제국을 지

배했고, 다른 많은 인물도 후한 일로 최고의 자리에 오르지 않았느냐'고 말한다면 내 대답은 이렇다.

우선 해당 인물이 이미 군주의 지위에 있는지, 아니면 군위에 오르려는 사람인지 먼저 알아야 한다. 전자라면, 관대함은 해롭다. 그러나 후자라면, 그런 이미지는 꼭 필요하다.

카이사르는 로마 황제가 되기를 원했던 사람 중 한 명이지만, 만약 그가 제위에 오른 뒤에도 살면서 낭비벽을 고치지 않았다면 제국을 잃었을 것이다.

대범한 행동이 '폄훼' '증오'를 사기도 한다

이어 누군가가 '이미 군주가 된 인물 중에는 매우 인심이 좋으면서도 스스로 군대를 이끌고 위대한 사업을 해낸 사람이 많이 있지 않느냐'고 반박한다면 이렇게 대답하고 싶다.

군주가 돈을 쓰더라도 자기 돈이나 신민들의 돈을 쓸 때와 전혀 다른 사람의 재산을 쓸 때가 있다. 전자의 경우에는 내기 아까워해야 하지만, 후자의 경우에는 **대범한 행동을 하는 것이 좋다.**

가령 군주 스스로가 군대를 이끌고 나가 전리품을 챙기고 약탈하며 남의 재산을 처분한다면 그때는 선심을 써야 한다. 그렇지 않으면 병사들이 따르지 않기 때문이다.

즉, 당신이나 당신 신민의 재산이 아닌 것에 대해서는 큐로스나 카이사르나 알렉산드로스 대왕이 행한 것처럼 거침없이 행동하면 된다. 남의 것을 낭비해도 당신의 평판을 떨어뜨리기는커녕 오히려 높인다.

하지만 자기 재산을 낭비하면 당신 자신에게 피해가 간다. 인심이 후한 것만큼 자신을 소모하는 것은 없다. 인심이 후한 것을 내세우다 보니 어느새 자신을 자유롭게 해줄 재력을 잃어버려, 가난하게 되고 사람들로부터 멸시를 당하거나, 혹은 가난에서 벗어나려고 탐욕을 부려 오히려 미움을 받게 된다.

멸시와 미움을 받는 것은 군주가 경계해야 할 일 중 하나인데, 호기로움이 당신을 멸시나 미움의 대상으로 몰아갈 수 있다. 인심 좋다는 평판을 얻으려다 욕심이 많다는 악평과 함께 미움을 받을 바에야 악평받더라도 미움과 원한을 동반하지 않는 인색함으로 일관하는 편이 훨씬 현명하다는 것이다.

제17장

자비롭기보다 '냉혹'하라

원제 | 냉혹함과 자비심에 대해서. 두려움의 대상과 사랑의 대상 중 어느

쪽이 좋은가

다음 자질에 관한 이야기로 넘어가자.

어떤 군주라도 냉혹하다고 평가받기보다는 자비롭다고 평가받는 편이 바람직하다. 하지만, 자비심의 사용법에 주의해야 한다.

예를 들어 체자레 보르지아는 잔혹한 인물로 여겨졌지만 한편으로 그 냉혹함이 로마냐 지방의 질서를 회복시키고 통일을 이루며 평화를 가져오고 충성을 지키게 했다.

그렇다면 피렌체 민중이 냉혹하다는 말을 들을까 봐 피

스토이아의 붕괴를 방치했던 것에 비하면 보르지아가 훨씬 자비로웠다고 할 수 있겠다.

따라서 **군주나 신민을 결속시켜 충성을 맹세하게 하기 위해서는 냉혹하다는 악평을 신경 쓰지 말아야 한다.** 왜냐하면 쓸데없는 자비로 인해 혼란을 초래하고, 마침내는 살육이나 약탈을 자아내는 군주보다 가끔 본보기로 잔혹함을 보이는 군주가 훨씬 더 자비로운 자라고 할 수 있다.

전자는 모든 사람에게 해를 끼치는 결과를 낳지만, 후자의 경우 처벌받는 것은 일부 소수뿐이기 때문이다.

'사랑의 대상'보다 '두려움의 대상'이 되는 것이 훨씬 좋은 방책이다

새로 군주가 된 자는 새 국가에는 위험이 수반되기에 '냉혹하다'라는 평판을 피할 수 없다.

베르길리우스[고대 로마의 시인]도 디도[그리스 신화에 등장하는 여왕]의 입을 통해 이렇게 말하고 있다.

"어려운 상황과 새 나라의 특성으로 이런 대책을 세워 국경 일대를 더 단단히 수호하지 않을 수 없습니다."

군주는 경솔하게 사람을 믿지 말고 신중하게 행동하며,

나아가 스스로 만들어낸 환영에 겁먹지 말아야 한다. 그리고 사려 깊음과 인간미로 자기 행동을 통제하고, 상대를 너무 믿어서 신중하지 못하거나, 그렇다고 너무 불신해서 역겨운 자가 되지 않도록 조심해야 한다.

여기서 한 가지 더 생각해야 할 것이 있다. '두려움의 대상'과 '사랑의 대상' 중 어느 쪽이 좋은가 하는 것이다.

당연히 두 가지를 모두 갖추는 것이 바람직하지만 두 가지를 모두 갖추는 것은 현실적으로 어렵다.

둘 중 하나를 버릴 수밖에 없다면 **사랑받는 것보다 두려움의 대상이 되는 것이 훨씬 안전하다.**

애초에 인간은 배은망덕하고, 변덕스럽고, 위선적이고, 겁 많고, 탐욕스럽다. 그러므로 당신이 은혜를 베푸는 동안에는 사람들이 당신의 뜻대로 따르고, 자기 피도 재산도 생명도 아이들까지도 당신에게 바친다. 다만, 이미 말했듯이, **기꺼이 그렇게 하는 것은 지금이 아니라 아주 먼 미래의 일인 경우뿐**이다.

하지만, 막상 자신이 필요로 하는 때가 오면 배신하는 것이다. 그들의 말을 전적으로 믿어버린 군주는 다른 준비를 아무것도 하지 않았기 때문에 망해간다. 정신의 위대함이나 고상함에 의해서가 아니라, 대가를 치르고 얻은 우정은 살 수는 있어도 소유할 수 없으므로, 만일의 경우에 전혀 도움이 되지 않는다.

또한 인간은 두려워하는 상대보다 애정을 준 상대에게 더 큰 상처를 준다.

왜냐하면 인간은 원래 사악하므로 단지 은혜로 맺어진 애정 등은 자기의 이익을 위해서 금방 끊어 버린다. 그런데 두려워하는 사람에 대해서는 처벌받을 것이라는 두려움이 따라다니기 때문에 계속 연결된 채로 있는 것이다.

'두려움의 대상'과 '미움의 대상'은 근본적으로 다르다

그런데 **군주는 사랑받지 않아도 되지만 남의 미움을 받지 않는 두려움의 대상이어야 한다.**

미움을 받지 않는 것과 두려움을 느끼는 것은 쉽게 양립할 수 있다. 자기 시민이나 백성의 재산 혹은 그들의 부녀자에게 손대지 않으면 반드시 실현될 수 있는 것이다.

그래도 누군가의 피를 보는 행동에 나서야 할 때는 그것을 정당화할 수 있는 명백한 이유를 근거로 행해야 한다.

무엇보다 남의 재산에 손을 대서는 안 된다. **인간은 아**

버지의 죽음은 잊어도, 자기 재산을 빼앗긴 것은 좀처럼 잊지 않기 때문**이다.

일단 남에게서 물건을 빼앗아 먹고살게 되면 이를 위한 변명과 구실을 얼마든지 찾을 수 있다[그러므로 약탈하지 않도록 조심해야 한다]. 반면 사람의 목숨을 앗아갈 구실을 찾기는 매우 어렵고 구실이 있다고 해도 곧 바닥난다.

군주가 군대를 이끌고 수많은 병사를 지휘할 때는 냉혹하다는 악명 따위는 무시해도 무방하다. 이런 악평도 나오지 않고선 군대의 결속을 도모하고 군사행동을 준비할 수 없기 때문이다.

카르타고의 한니발 장군의 놀라운 행동 속에서도 이를 볼 수 있다.

그는 무수한 인종이 섞인 대군을 이끌고 먼 땅에서 전쟁했는데, 순조로울 때든 역경에 처했을 때든 병사들끼리의 집안싸움을 하거나 지휘관에게 불복하지 않았다. 그것은 전적으로 한니발의 비인도적 냉혹함 때문이다.

여러 가지 탁월한 재능과 함께 이러한 자질로 인해 그는 휘하 병사들의 눈에 항상 존경스럽고 두려워해야 할 존재로 비쳤다. 냉혹함을 갖추지 않았다면 그 정도의 성과를 거두지 못했을 것이다.

이 점에 관한 생각이 부족한 저술가들은 한니발의 행동을 칭찬하면서도 그것을 가능하게 한 근본 원인에 대해 오히려 비난하고 있다.

'자신의 의지'를 관철하다

냉혹함이 얼마나 필요한지는 고대 로마 스키피오의 예에서도 알 수 있다.

스키피오는 당대뿐만 아니라 대략 인간이 기억하는 전 시대를 통틀어 걸출한 인물이다. 그런데도 그의 군대는 스페인에서 반란을 일으켰다. 스키피오가 워낙 자비로웠기 때문에 병사들이 규율을 지키지 않고 제멋대로 행동한 결과다.

결국 스키피오는 원로원에서 파비우스 막시무스[공화제 로마의 정치인/군인]의 탄핵을 받아 로마군을 타락시킨 인물로 낙인찍히고 말았다.

어느 날 스키피오의 보좌관이 록리스 사람들의 땅을 파괴한 적이 있었는데, 스키피오는 록리스 사람들을 위해 보복하려 하지 않고 그 보좌관의 횡포를 간과했다. 이는 그의 모든 일을 너그럽게 봐주는 성격 때문이다.

원로원에서 스키피오를 변호하기 위해 '이 남자는 남의 잘못을 바로잡기보다 자신이 잘못하지 않도록 유의하는 흔한 유형의 인간 중 한 명이다'라고 해명한 사람이 있었을 정도다.

스키피오가 이런 성격을 갖고 계속 권좌에 머물렀다면 그의 영광과 명성은 시간이 지남에 따라 상실됐을 것이다. 하지만 원로원 휘하에 있던 스키피오의 해로운 자질은 겉으로 드러나지 않아 그는 영광의 자리를 계속 유지할 수 있었다.

여기서 두려움의 대상과 사랑의 대상에 대해 결론을 내자.

백성들이 군주를 사랑할 때는 자발적으로 하지만, 두려워할 때는 군주가 그렇게 되도록 만드는 것이다. 따라서 현명한 군주는 자신의 의지에 따라야지 타인의 판단에 의존해서는 안 된다. 다만 이미 말한 대로 증오를 사지 않도록 조심해야 한다.

제18장 ||

'야수'와 '인간',
두 얼굴을 사용하라

원제 | 군주는 신의를 어떻게 지켜야 하는가

신의를 지키고 교활하지 않으며 성실하게 사는 군주가 얼마나 칭송받을지는 누구나 알 것이다.

그런데 현대에서는 신의 따위는 아랑곳하지 않고 술책을 써서 사람들을 속인 군주야말로 큰 사업을 이루어낸다. 더구나 결국 그러한 군주가 신의를 중시하는 군주를 압도하고 있다.

싸움에서 이기는 데는 두 가지 방법이 있다. 하나는 법에 의한 것이고 다른 하나는 힘에 의한 것이다.

전자는 인간 고유의 방법이고 후자는 야수의 방법이라고 할 수 있다. 하지만 대부분은 전자만으로는 불충분하고, 후자의 도움을 받을 필요가 있다. 따라서 군주는 야수와 인간을 능숙하게 구분할 필요가 있다.

옛 저작자들은 이를 군주들에게 암시했다. 예를 들어, 아킬레우스를 비롯한 고대의 군주들은 반인반마인 켄타우로스에게 맡겨져 이 수신[獸神, 짐승 신]과 함께했다고 쓰여 있다.

반인반수를 스승으로 삼았다는 것은 **군주라면, 두 가지 성질을 구분하는 것이 필요하며, 어느 한쪽이 빠져도 군주의 지위는 오래가지 못한다**고 가르치고 있다.

'여우'도 되고 '사자'도 된다

그래서 군주는 야수의 방법을 배울 필요가 있는데, 야수 중에서도 특히 여우와 사자를 본보기로 삼아야 한다.

사자는 함정으로부터 자신을 보호할 수 없다. 그래서 **덫을 뚫으려면 여우여야 하고 늑대를 놀라게 하기 위해서는 사자여야 하는 것**이다. 단지 사자면 된다고 생각하는 사람은 이 사실을 알지 못한다.

따라서 사려 깊은 군주는 신의를 지키는 것이 스스로에게 불편한 경우, 혹은 신의를 지키기로 약속했을 때의 이유가 이미 존재하지 않아 의미가 없을 때는 신의를 지킬 수 없을 뿐만 아니라 지켜서도 안 되는 것이다.

모든 인간이 선한 사람이라면 이러한 가르침은 잘못된 것이라고 할 수 있다.

하지만 **인간이란 사악한 것이며, 군주에 대한 신의를 지키지 않으니 군주도 신의를 지킬 필요가 없다.**

또 군주라면 약속을 지키지 않는 구실 등은 언제든지 쉽게 찾을 수 있다. 이에 대해서는 최근 무수한 사례가 있다. 나아가 군주의 불성실 때문에 얼마나 많은 평화와 약속이 왜곡됐는지를 보여줄 수도 있다. 그리고 실제로 여우의 방법을 능숙하게 구사한 자가 더 나은 결과를 얻어온 것이다.

여우의 자질은 잘 다듬어 위장할 필요가 있음을 잊지 말아야 한다. 그렇다고는 해도, 인간은 본래 매우 단순해 눈앞의 필요성에 단순히 좌우되기 때문에 속이려고 작정한 사람에게 있어서 속는 인간은 쉽게 발견되는 것이다.

사람은 '외모'와 '결과'로 판단한다

기억에 새로운, 어떻게든 다루고 싶은 예가 있다. 알렉산데르 6세 이야기이다.

이 교황은 남을 속일 생각 외엔 다른 어떤 일도 하지 않았지만 속이기 위한 재료가 부족했다.

이 교황만큼 그럴듯하게 약속하고 거창하게 맹세해 놓고도 약속을 아주 멋들어지게 지키지 않은 사람은 없다. 그런데도 알렉산데르는 자기 뜻대로 사람들을 계속 속였다. 세상의 이러한 면을 상당히 꿰뚫고 있었던 것 같다.

따라서 군주는 앞에서 언급한 훌륭한 자질을 전부 갖출 필요가 없고, **갖추고 있는 것처럼 보이게 하는 것이 중요하다.**

굳이 따진다면 그런 훌륭한 자질을 갖추고 그에 따라 지속해서 행하는 것이 오히려 해롭다. 자질을 갖추고 있다고 믿게 하는 것이야말로 유익한 것이다.

예를 들어 자비롭거나, 신의를 지키거나, 인정미가 있거나, 성실하거나, 믿음이 깊거나, 그렇게 믿게 할 수 있으면 된다. 하지만 그럴 필요가 없어진다면 완전히 반대의 태도를 보일 수 있어야 하는 것이다.

군주, 특히 새 군주는 세상 사람들이 좋은 사람이라고 생각하는 자질만 지켜나갈 수는 없다.

권력을 유지하려면 때로는 신의와 자비심을 저버리고 인간미를 잃고 종교를 외면하는 행위를 해야 한다. 그래서 **운명의 방향이나 사태의 변화에 따라 태도를 바꾸는 마음가짐이 필요**하다.

이미 말했듯이 **될 수 있으면 선에서 벗어나지 말아야 하지만 필요에 따라 악에라도 파고들 각오를 해야 한다.**

그래서 군주는 앞서 말한 다섯 가지 자질을 충족하지 못하는 듯한 말을 하지 않도록 각별히 주의해야 한다.

군주를 알현하고 경청하는 사람들 앞에서는 어디까지나 자비롭고, 신의를 지키고, 성실하고, 인간미가 넘치며, 믿음이 깊은 인물로 여겨지도록 마음을 다스려야 한다. 그중에서도 깊은 신앙심을 가지고 있다고 생각하게 하는 것이 중요하다.

인간은 일반적으로 촉감보다는 시각으로 판단한다. 왜냐하면 **보는 것은 누구나 할 수 있지만 만지는 것은 소수의 사람에게만 허용**되기 때문이다. 따라서 대부분 사람은 겉모습만으로 군주를 판단하고 극소수의 사람들만 군주와 접촉해 실제로는 어떤 인물인지 파악하고 있다.

하지만, 이 소수의 사람은 권력의 비호 아래 있는 대다수 의견에 굳이 이의를 제기하려 하지 않을 것이다. 인간의 행동이란 모두, 하물며 그것이 군주의 행동이라면, 호소해서 판결할 법원이 존재하지 않을 때는 결과만으로 판단되는 것이다.

그러므로 군주는 싸움에서 이기고 오로지 국가 유지에 매진해야 한다. 그러면 군주가 취한 수단은 훌륭하다는 평가를 받고 누구에게나 칭송을 받는다.

대중은 항상 겉모습과 결과만으로 판단한다. 게다가 세상의 다수는 대중뿐이다. 대다수가 지지할 근거가 있는 한 소수가 끼어들 여지는 없다.

여기서 이름을 거론하는 것은 자제하겠지만 현대의 군주 중 한 명은 입으로는 끊임없이 평화니, 신의니 하면서 실제로는 그들의 적과 같은 행보를 보인다. 하지만 그가 진정 평화와 신의를 지켰다면 이미 여러 차례 명성이나 권력을 잃었을 것이다.

제19장

'미움', '수모'는
어떻게 막을 수 있을까

원제 | 미움과 경멸을 어떻게 피해야 할까

앞서 언급한 군주의 자질 가운데 중요한 것에 대해서는 이미 논했다. 여기서는 나머지 자질에 대해 간단히 설명하겠다.

이미 조금 언급했지만 군주는 미움이나 경멸을 피해야 한다. 그 일만 막으면 군주 노릇을 할 수 있고, 그 외의 악평을 받는다고 해도 위험에 빠지지는 않을 것이다.

특히 증오를 불러일으키는 것은 앞서 말한 대로 신민의 재산이나 처자를 약탈한 경우다. 따라서 그것만은 삼가야 한다. 대다수 인간은 재산이나 명예만 빼앗기지 않으면 만족하며 살아가기 마련이다.

따라서 군주는 소수의 야망과 싸우기만 하면 된다. 그런 야심을 제압하는 데는 여러 가지 수단이 있어 그리 어려운 일은 아니다.

피해야 할 '다섯 가지 평판'

군주가 경멸받는 것은 변덕스럽고, 경박하고, 연약하고, 겁이 많고, 우유부단하다고 여겨질 때다. 군주는 이런 것을 암초처럼 경계해야 하고 자기 행동에서 위대함과 용감함, 위엄과 결단력이 드러나도록 노력해야 한다.

다음으로 신민 개개인을 다룰 때는 군주의 재정은 철회 불가능하다는 것을 인지시키고 아무도 군주를 속이거나 기만하지 않도록 평판을 유지해야 한다.

이런 평판을 얻은 군주만이 큰 명성을 얻을 수 있다.

탁월한 인물로, 신민으로부터도 존경받는 것으로 알려진 군주를 상대로 음모를 꾸미거나 공격하기는 어렵다. 침략 등은 더더욱 쉽지 않다.

보통 군주에게는 다음 두 가지 위협이 있다.

하나는 내부에서, 즉 신하들에 의한 위협이고, 다른 하나는 외부에서, 즉 국외 열강에 의한 위협이다.

후자의 경우 뛰어난 군대와 의지할 수 있는 동맹군만 있으면 막을 수 있다. 그리고 좋은 군비가 있으면 좋은 아군이 따라오기 마련이다.

게다가 대외적 관계가 안정돼 있으면 음모에 의한 소요가 일어나지 않는 한 국내도 안정된다. 비록 외부 정세가 불안정하더라도 군주가 존경받고 의욕만 잃지 않는다면 스파르타의 나비스[스파르타의 마지막 왕]의 경우처럼 어떤 공격도 견뎌낼 수 있을 것이다.

신민에 대해서는 국외 정세가 불안정하지 않은 때에도 은밀히 음모를 꾸미고 있는 것은 아닌지 살펴야 한다.

군주가 증오나 경멸을 피하고 민중이 군주의 정치에 만족한다면 안심할 수 있다. 이는 이미 말했듯이 반드시 실천되어야 한다.

음모에 대해 군주가 해야 할 가장 효과적인 대응책은 대다수로부터 미움을 받지 않는 것이다. **반란을 일으키는 자는 군주를 죽이면 백성이 만족할 것으로 생각하지만, 군주를 죽이면 백성의 공분을 사게 될 것이라는 사실을 알면 그 결단은 좌절되고 말 것**이기 때문이다.

지금까지 정말 많은 음모가 있었지만 성공한 예는 아주

적다. 음모를 꾸미는 것은 혼자서는 할 수 없고, 그렇다고 해서 동료에게 끌려 동조하는 것은 자신도 불만을 품은 자에게만 해당하기 때문이다.

당신이 음모를 꾸미고 있다고 치자. 그런 당신이 불만분자의 한 사람에게 진심을 털어놓는다면 그것은 상대방에게 이로운 재료를 준 것이 된다. 그는 당신의 행동을 좇아 자신에게 유리하게 일을 처리할 방법을 마련할 수도 있기 때문이다.

이렇게 해서, 이쪽에는 확실한 이익이 있지만, 저쪽에 붙으면 위험천만하고 미심쩍다고 악착같이 생각하는 그는, 군주의 귀중한 편이 되거나, 군주의 적이 되어 당신[모반자]과의 약속을 지키게 된다.

요컨대 반란을 꾀하는 자는 늘 불안과 시의심[猜疑心, 시기와 의심]과 형벌에 대한 두려움을 안고 벌벌 떤다. 하지만 군주에게는 권위나 법률, 게다가 호위해 주는 아군이나 권력자가 존재한다. 더구나 민중의 신망을 받는 군주라면 음모를 꾸미는 무모한 짓을 할 사람은 없다.

즉, 애초에 모반자는 악행을 실행하는 데 있어 공포에 휩싸이기 마련인데, 이런 경우 민중을 적으로 돌리기 때문에 반란 후에 어디론가 숨을 수도 없다는 공포가 더해진다.

주위에 '절망'을 거두고 '만족'을 심는다

이와 관련해서는 무수히 많은 예를 들 수 있지만 여기
서는 우리 조상의 기억에 남는 한 예만을 들고자 한다.

현재 안니발레 각하의 할아버지로 볼로냐의 군주였던
안니발레 벤티볼리오 공은 칸네스키 가문의 음모로 죽임
을 당했다. 그때 살아남은 자는 속옷 차림의 조반니뿐이
었다.

안니발레 살해 직후 볼로냐 민중은 봉기해 칸네스키 일
족을 몰살하고 말았다. 이는 당시 벤티볼리오 가문이 민
중의 신망을 얻고 있었기 때문이다.

민중의 신뢰는 매우 두터웠다. 안니발레가 죽임을 당
해 볼로냐를 통치할 자가 없자 '벤티볼리오 가문의 피를
이어받은 자가 피렌체에서 대장장이의 아들이 되었다'
라는 소문을 들은 시민이 피렌체로 가서 볼로냐의 통치
를 이 인물에게 맡긴 것이다. 살아남은 조반니 공이 통
치를 할 수 있는 나이에 도달할 때까지 그 사람에게 정
치를 맡겼다.

이상에서 **군주는 민중으로부터 호감을 받는 동안에는 반란 따위는 별로 신경 쓸 필요가 없다는 결론이 도출된다.** 하지만 백성들이 군주에게 적의를 품고 증오를 느끼게 되면 군주는 어떤 것이든, 어떤 인물이든 두려워해야 한다.

질서가 잘 잡힌 나라나 현명한 군주는 귀족을 절망시키지 않고 백성을 만족시키며 백성이 안심하고 살 수 있도록 애서 왔다. 왜냐하면 그것이야말로 군주의 마음가짐 중 가장 중요한 것이기 때문이다.

현재 이처럼 질서가 잘 유지되고 통치가 잘되는 나라로 프랑스 왕국을 꼽을 수 있다.

프랑스에는 국왕의 자유나 안전의 기반이 되는 여러 훌륭한 제도가 있다.

첫째는 고등법원과 그 권위이다. 프랑스의 제도를 정한 자는 권력자의 야망과 횡포를 알고 그들을 바로잡기 위해 제약이 필요하다고 생각했다. 그러면서도 귀족에 대해 대중이 품고 있는 미움은 공포심에서 오는 것임을 알고 민중의 안전도 도모하고자 했다.

하지만 그것을 군주 혼자 행할 경우 민중을 지지하면 귀족과 대립하여 귀족의 원한을 사고, 반대로 귀족을 지지하면 민중의 원망을 받게 된다.

그래서 제삼자인 법원을 세워 왕이 비난받지 않고 귀족을 벌하며 약한 자를 지지할 수 있도록 한 것이다. 이 제도만큼 왕과 국가의 안전을 꾀하는 뛰어난 것은 없다.

군주가 직접 '혜택'을 준다

여기서 또 하나 중요한 결론이 나온다. 군주는 은혜를 베푸는 역할을 기꺼이 맡고, 미움을 사는 역할은 다른 사람이 하도록 해야 한다는 것이다.

다시 한번 결론을 말하자. 군주는 귀족들을 존중해야 하지만 백성들의 미움을 사지 말아야 한다.

하지만 많은 사람이 고대 로마 황제들의 생애나 죽은 모습을 떠올리고는 '이 결론과는 다른 예가 많지 않은가'라고 반론할지도 모른다.

확실히 로마 황제 중에는 훌륭한 생활을 하고 위대한 역량을 보여주었음에도 권좌에서 쫓겨나거나 신하의 반란으로 죽은 사람도 있다.

이러한 반론에 답하기 위해 몇몇 로마 황제의 자질을 들어 그들이 파멸한 원인이 앞서 내가 한 지적과 조금도 모순되지 않음을 밝히고 싶다. 그리고 당시 사람들의 행동을 이해하는 데 중요한 것이 무엇인지 고찰해 보자.

철학자 마르쿠스제[마르크스 아우렐리우스 안토니누스]부터 막시미누스제[막시미누스 트라쿠스]까지 로마제국의 제위 계승자를 거론하면 충분할 것이다. 즉 마르크스, 그의 아들 콘모두스, 페르티낙스, 율리아누스, 세베루스, 그의 아들 안토니누스 카라칼라, 마크리누스, 엘라가바르스, 알렉산데르, 막시미누스이다[161쪽 그림 참조].

'평화를 바라는 백성'과 '잔혹한 병사' 중 어느 쪽을 살릴 것인가?

우선 주의해야 할 것은 다른 군주국에서는 귀족의 야망과 민중의 방자함을 경계하기만 하면 되지만, 로마 황제의 경우 병사들의 잔혹함과 탐욕이라는 피할 수 없는 제3의 난제를 안고 있었다는 점이다.

이것은 성가신 문제였고, 많은 황제의 파멸 원인이기도 했다. 백성들은 평화를 좋아하고 온화한 군주를 환영하는데 병사들은 호전적이고 잔혹하고 횡포하며 탐욕스러운 군주를 원했다. 그래서 병사와 백성 모두를 만족시키는 것은 매우 어려웠다.

게다가 병사들은 군주가 자신들의 봉급을 배로 올려주어 탐욕을 마음껏 부릴 수 있게 하고, 군주도 자신들처럼 민중을 상대로 탐욕스럽게 행동하기를 바랐던 것이다.

타고난 성격 때문에, 아니면 그럴 만한 능력이 없어서 백성과 병사 모두를 제압할 만한 명성을 갖지 못한 황제는 반드시 망했다.

황제 중 많은 수가, 특히 일개 시민에서 제위에 오른 인물들은 이 난제에 부딪히면 백성들이 어떤 위해를 당할지 아랑곳하지 않고 병사들을 만족시켰다.

이는 어쩔 수 없는 결단이라고 할 수 있다. 왜냐하면 군주가 누구에게도 미움을 받지 않는다는 것은 불가능하고, 그렇다면 더 힘이 센 사람들의 증오를 피하도록 모든 수단과 방법을 다해야 하기 때문이다.

벼락출세로 권좌에 오른 황제는 강력한 지원이 필요하기 때문에 민중보다 병사 쪽에 섰다. 이 결단이 과연 황제에게 유익했는지 여부는 황제가 병사들 사이에서 명성을 유지할 수 있었는지 여부에 달려 있었다.

이상의 내용에서 볼 수 있듯이, 마르크스 제후나 페르티낙스 제후[푸블리우스, 헤르비우스, 페르티낙스] 또는 알렉산데르 제후[세베루, 알렉산데르]는 모두 겸허하게 생활하고, 정의를 사랑하며, 잔학함을 싫어하고, 인간미가 있으며, 자비로웠음에도 불구하고, 마르크스 제후 외 모두 비참한 최후를 맞이했다.

본 장에 등장하는 로마 황제 (재위년)

마르쿠스 아우렐리우스 안토니누스　(161~180년)

콤모두스　(180~192년)

페르티낙스　(193년1~3월)

율리아누스　(193년 3~6월)

세베루스　(193~211년)

안토니누스 카라칼라　(211~217년)

마크리누스　(217~218년)

엘라가발스　(218~222년)

알렉산데르　(222~235년)

막시미누스　(235~238년)

마르쿠스 제후만은 예외로 영광스러운 일생을 보내고

세상을 떠났다. 마르쿠스는 상속법에 따라 제위를 계승했기 때문에 부러 병사나 민중에게 자신의 지위를 인정하도록 할 필요가 없었기 때문이다.

또한 그는 미덕을 갖추고 사람들의 존경을 받았기 때문에 병사와 민중 모두 각자의 영내에 머무르도록 하는 데 성공했고, 결코 증오를 사거나 경멸을 받지 않았다.

하지만 페르티낙스는 병사들의 뜻에 반해 제위로 뽑혔다. 게다가 병사들은 전 황제 콤모두스 밑에서 방탕한 생활에 익숙해져 있었다.

그래서 페르티낙스가 성실한 삶을 강요하는 것을 참을 수 없었다. 황제는 병사들의 원성을 샀을 뿐 아니라 노령으로 멸시당했다. 그리하여 제위에 오르자마자 파멸한 것이다.

'선행'도 미움을 산다

여기서 주의해야 할 것은 악행뿐 아니라 선행도 미움을 살 수 있다는 점이다.

이미 말했듯이 군주가 그 자리를 지키려 한다면 때로는 선하지 않은 일도 할 수밖에 없다. 왜냐하면 군주가 지위를 지키기 위해 자기편에 둘 필요가 있다고 판단한 사람들, 즉 민중이나 병사 혹은 귀족들이 부패해 있으면 군주도 그들을 만족시키기 위해 이를 따라야 하기 때문이다. 그렇다면 선행은 오히려 적이 된다.

알렉산데르 이야기를 해보자.

이 황제는 매우 선하고 칭찬받지만 그중에서도 특기할 만한 것은 14년의 치세 내내 재판 없이 황제에게 살해당한 사람이 한 명도 없었다는 점이다. 그러면서도 연약해서 어머니에게 조종당하고 있다고 여겨져 경멸받았고, 마침내는 군의 반란으로 살해당했다.

반면 콤모두스, 세베루스, 안토니누스 카라칼라, 막시미누스는 잔혹하고 탐욕스러웠으며, 병사들의 바람을 이뤄주려고 백성에 대해 어떤 해코지도 서슴지 않았다.

하지만 결국 세베루스 이외에는 모두 비명횡사의 최후를 맞는다[콤모두스는 암살, 세베루스는 병사, 안토니누스 카라칼라와 막시미누스도 암살되었다].

세베루스만은 남다른 역량을 갖추고 있었기 때문에 백성들을 괴롭혔음에도 불구하고 병사들을 자기편으로 끌어들여 끝까지 잘 통치할 수 있었다. 자신의 역량으로 병사나 백성의 눈에 찬사를 보낼 만한 존재로 비쳐 백성은

163

망연자실 상태였고, 병사는 그를 존경하고 만족스러워했기 때문이다.

이 황제의 행동은 새로운 군주로서는 훌륭하다. 여기서 그가 얼마나 교묘하게 사자와 여우의 성질을 구분해 냈는지 보여주고자 한다. 앞서 말한 것처럼 이 두 가지 성질이야말로 군주가 본보기로 삼아야 하는 것이다.

두 가지 적을 동시에 만들지 않는다

세베루스는 당시 황제 율리아누스가 얼마나 겁쟁이인지를 알고 자신이 지휘관으로 있는 스테아보니아에 주둔한 군대를 설득하여 로마로 진격했다. 친위대 병사들에게 살해당한 전 황제 페르티낙스의 복수 때문이다.

이를 구실로 삼아 자신이 제위를 노리고 있는 것은 숨기고 군을 로마로 진격시켰다. 출격이 알려지기도 전에 일찌감치 이탈리아로 들어갔다. 세베루스가 로마에 도착하자 겁에 질린 원로원이 그를 황제로 뽑았고 그는 율리아누스를 죽이고 말았다.

이를 계기로 제국 전체를 지배하려는 바람을 품은 세베루스에게는 두 가지 난제가 기다리고 있었다.

하나는 아시아로, 그곳에서는 군사령관 니겔이 황제가 되려는 참이었다. 다른 하나는 서쪽으로, 여기서는 알비누스가 역시 제위를 노리고 있었다.

세베루스는 둘을 동시에 적으로 돌리는 것은 위험하다고 판단해 니겔만 공격하고 알비누스 쪽은 책략을 쓰려고 했다.

그래서 먼저 알비누스에게 편지를 써서 '나는 원로원에서 황제로 뽑혔는데 이 자리를 나누고 싶어서 너에게 카이사르 칭호를 보낸다. 원로원의 결의에 따라 너와 나는 대등한 위치에 오른 것이다'라고 전했다. 알비누스는 이 말을 진심으로 받아들였다.

그런데 세베루스는 니겔과의 싸움에서 승리하자 그를 죽이고 동방을 평정한 후 로마로 돌아왔다. 원로원을 향해 알비누스는 '나의 은혜에 조금도 감사하기는커녕 나를 배신하고 죽이려 하니 응징하러 가야 한다'고 호소했다. 그리고 프랑스로 가서 알비누스로부터 영지와 생명을 빼앗은 것이다.

세베루스의 행동을 자세히 살펴보면 그는 영악하기 짝이 없는 사자의 성격과 교활하기 짝이 없는 여우의 성격을 모두 가지고 있음을 알 수 있다. 그 결과 그는 모든 사람이 두려워하고 존경하는 대상이 되었고 병사들로부터도 미움을 사지 않았다.

새로운 군주인 세베루스가 그 정도의 권력을 유지할 수 있었던 것도 이상할 게 없다. 실제로 그의 절대적인 명성이 민중이 그의 약탈에 대해 품은 증오로부터 그를 지켜냈다.

측근에 '손해'를 끼치지 않는다

그의 아들 안토니누스 역시 걸출한 인물로 백성들에게는 경탄을, 병사들에게는 극진한 대접을 받았다. 그는 군인에 어울리는 인물로 어떤 어려움도 견디고 미식과 사치를 가까이하지 않아 군으로부터도 사랑을 받았다.

그러나 그의 잔인함과 영악함은 전대미문으로 무수히 많은 사람을 죽인 뒤 로마 백성 대부분과 알렉산드리아 시민 모두를 죽이고 말았다. 이 때문에 세상 사람들의 원성을 샀고, 이윽고 측근들도 두려워하게 되었다. 그리고 마침내 자신이 이끄는 군대 한복판에서 백인대장 중 한 명에게 죽임을 당했다.

여기서 주의해야 할 것은 **누군가 집념으로 살의를 가졌**

을 때는 군주라도 도망칠 수 없다는 것이다.

왜냐하면 자기 죽음을 두려워하지 않으면 누구나 군주에게 위해를 가할 수 있기 때문이다. 그렇다고 해도, 실제로 그런 일이 발생할 확률은 거의 없으므로 그다지 크게 두려워할 필요는 없다. 다만, 자신을 섬기는 사람이나 측근들에게 중대한 위해를 가하지 않도록 해야 한다.

그런데 안토니우스는 위해를 가했다. 백인대장의 형제를 사정없이 죽이고, 게다가 그 백인대장을 날마다 협박했다. 그런데도 그를 자신의 수비대장으로 앉히는 경솔함으로 결국 자신에게 파멸을 가져오는 결과가 되었다.

파멸의 원인은 '미움'과 '경멸'

다음은 콤모두스의 이야기이다. 그는 마르크스의 아들로 상속법에 따라 제위를 획득하고 이를 유지하기도 쉬웠다. 아버지의 발자취를 따라가는 것만으로 병사도 백성도 만족할 것이었다.

하지만 그는 짐승처럼 잔인한 인물이었기 때문에 백성을 상대로 탐욕을 부려 군대의 환심을 샀고, 군인들의 방탕을 용인했다. 게다가 황제의 존엄성 따위는 아랑곳하지 않고 종종 투기장에 내려가 검투사와 싸우고 황제의 지위에 맞지 않는 행동으로 병사들로부터 모멸의 눈초리를 받게 되었다.

한편으로는 미움을 받고 한편으로는 경멸을 당했기 때문에 음모에 의해 죽임을 당한 것이다.

마지막은 막시미누스다. 이 황제는 매우 호전적인 인물이었다.

알렉산데르의 연약함에 진저리가 난 군대는 그를 죽이고 막시미누스를 황제로 세웠다. 하지만 그 지위는 오래 가지 않았다. 두 가지가 막시미누스에 대한 증오와 경멸을 불러왔기 때문이다.

하나는 태생이 천하여 과거 트라키아에서 양치기를 했다는 사실이다. 이것이 알려져 모두에게 멸시당한다.

또 하나는 로마 황제가 되고도 곧바로 로마로 가 제위에 오르지 못했고, 그 사이 로마를 비롯한 제국 곳곳에서 [원로원이 임명한] 총독들이 만행을 저질러 막시미누스 자신이 보기 드문 잔인한 인물로 간주되어 버린 것이다.

그리하여 그의 태생이 천한 것에 대한 경멸과 잔학함에 대한 미움으로 먼저 아프리카가 반란을 일으켰다. 뒤이어 원로원이 로마의 모든 시민과 함께 반기를 들고, 이윽고

전 이탈리아가 모반을 일으켰다. 거기에 황제 직속의 군대까지 가세했다. 이 군대는 아퀼레이아의 포위전에서 어찌할 줄 모르고 망설였지만 잔혹한 황제에게 넌더리가 났고, 반역자가 너무 많은 것을 보고 황제에 대한 두려움을 떨치고 살해했다.

엘라가바르스나 마크리누스, 율리아누스에 대해 여기서 논할 생각은 없다. 그들은 심한 경멸을 받고 금방 말살되고 말았다.

그럼, 바로 결론으로 넘어가자.

'내 편'으로 만들어야 할 사람은 누구인가?

생각해 보면 현대의 군주들은 정도를 벗어날 정도로 병사들의 욕망을 채워줘야 하는 난제를 안고 있는 경우가 별로 없다.

물론 현대에도 군주는 병사에 대해 어느 정도의 배려는 해야 하지만, 지금의 군대는 로마제국 시대의 군대처럼 지역의 통치나 행정과 오랜 세월 밀착 관계를 유지하고 있지 않으므로 문제는 금방 해결된다.

로마 시대에는 병사들이 시민보다 힘이 셌으므로 당연

히 병사들의 환심을 살 필요가 있었다. 그러나 오늘날에는 터키와 술탄 외에 대부분의 나라나 민중이 병사보다 큰 권력을 갖고 있으므로 **군주는 병사보다 백성을 만족시켜야 한다.**

터키를 제외한 것은 터키의 왕은 항상 1만 2,000명의 보병과 1만 5,000명의 기병을 곁에 두어 나라의 안전과 힘이 이들 병사에게 달려 있기 때문이다.

그래서 터키의 지배자는 다른 것은 모두 뒤로 미루어서라도 군을 자기편으로 끌어들여야 한다.

이와 마찬가지로 술탄 왕국도 모든 것이 병사들의 손아귀에 있기 때문에 왕은 역시 백성들을 무시하고 병사들 편에 설 필요가 있다. 그러나 술탄이 다른 군주국과 다른 점도 주목하자. 이 나라는 세습의 군주국이라고도 할 수 없고, 신 군주국이라고도 할 수 없으며, 오히려 기독교의 교황 국가와 많이 닮았다. 대를 이어 군주의 아들이 군위에 오르는 것이 아니라 선출 권한을 가진 사람들의 손으로 군주를 뽑기 때문이다.

이 제도는 오래전부터 존재했기에 신 군주국이라고 부를 수 없고, 신 군주국이 직면할 난제가 조금도 나타나지 않는다. 비록 군주는 새로이 뽑혀도 나라의 제도 자체는 오래전부터 유지되어 온 것이라 마치 세습 군주를 맞이하는 것처럼 받아들여지기 때문이다.

자기 지위의 '뿌리'는 어디인가?

다시 본론으로 돌아가자.

그동안의 논란을 살펴보면 언급된 황제들의 파멸 원인이 증오와 경멸에 있었음을 알 수 있다.

동시에 한 황제는 어떤 행동을 했고 다른 황제는 전혀 반대의 행동을 취했지만, 어느 쪽이든 행복하거나 불행한 최후를 맞은 사람도 있다. 이유는 이제 알 것이다.

페르티낙스와 알렉산데르는 새 군주였기 때문에 상속법에 따라 제위를 이은 마르크스의 흉내를 내도 자신들에게 좋은 게 하나 없었다.

마찬가지로 카라칼라나 콤모두스나 막시미누스가 세베루스를 모방하려 해도 그 발자취를 따라갈 만한 역량을 갖고 있지 않은 이상 위험하기 짝이 없는 일이다.

따라서 새로운 군주 정체에서 새로운 군주는 마르크스의 행동을 모방할 수 없으며 그렇다고 세베루스의 행동을 추종할 필요도 없다.

다만 세베루스에게서는 국가 기반을 마련하는 방안을 배우고, 마르크스에게서는 이미 확립되고 안정된 국가를 유지해 나가는 데 적절한 훌륭한 방안을 배워야 한다.

제20장 ||

조직을 붕괴시키지 않고 '유지'하는 방법

원제 | 군주들이 쌓는 성채 등은 유익한가, 혹은 유해한가

군주 중에는 국가 유지를 위해 신민의 무장을 푼 사람도 있고, 통치한 여러 도시의 분단을 꾀한 사람도 있다.

또 외적의 위협을 잘 이용하는 사람도 있는가 하면, 통치 초기에는 자신을 불신하고 있던 패거리를 자기편으로 끌어들인 사람도 있다. 심지어 성채를 쌓는 사람도 있었고, 성을 파괴하는 사람도 있었다.

각각의 방책에 관해 판단을 내리기 위해서는 그러한 결단에 따른 각 나라의 사정을 검토할 필요가 있다. 본 장에서는 이를 총괄적으로 논해 보자.

시민에게 '무기'를 주어라

지금까지 새로 군주가 된 자가 신민의 무장을 풀어버린 적은 한 번도 없다. 오히려 신민이 무장하지 않았다는 것을 알게 되면 반드시 무장시켜 왔다.

신민을 무장시키면 그 병력이 군주 자신의 것이 되고, 군주를 의심하던 자가 충실해져 원래 충성을 맹세한 사람들을 그대로 둘 수 있기 때문이다.

이렇게 해서 신민은 모두 군주의 지지자가 된다. 신민 모두를 무장할 수 있는 것이 아닌 이상 무장한 일부 사람들에게 특별한 혜택을 줌으로써 다른 사람들을 상대로 안심하고 대처할 수 있다. 무장한 사람들은 처우의 차이를 알고 더욱 군주에게 은혜를 느끼지만, 다른 사람들도 무장한 사람들은 위험도가 높고 그만큼 큰 의무를 지고 있으므로 많은 포상을 받는 것은 당연하다고 생각해 군주의 조치를 옳다고 인정하는 것이다.

하지만 군주가 신민의 무장을 풀어버리면 신민의 마음은 상처받을 것이다. 즉, 군주가 그들을 겁쟁이로 여기거나 믿을 수 없어 불신한다고 말하는 것과 같기 때문이다.

따라서 어느 쪽이든 군주는 신민의 미움을 사게 된다.

그런데 군주는 전혀 무장하지 않을 수는 없어서 용병에 의지하게 된다. 용병대는 앞서 말한 대로 아무리 좋은 군대라도 강한 적이나 의심스러운 신민으로부터 군주의 몸을 보호하는 역할을 하지 않는다.

그러므로 새로 영토를 얻어 새로 군위에 오른 자는 반드시 군비를 갖추었다. 역사적으로 수많은 사례가 있다.

'갈라치기 공작'은 약화만 초래할 뿐

한편 새로 영토를 획득해 옛 영토에 병합한 나라의 경우 정복 시 같은 편에 선 자들을 제외하고 무장을 풀어놓아야 한다.

또한 자신을 지지한 자들도 시간이 지나면서 기회가 있을 때마다 세력을 약화할 필요가 있다.

즉, **옛 영토에서 자신의 측근인 직속 병사만으로 군을 조직하는 것이 중요**하다.

우리의 선조들, 특히 현인 및 추앙받은 사람들은 늘 '피스토이아[토스카나 주의 도시. 1530년 피렌체에 공식 합병되었다]를 지배하려면 파벌 싸움이, 피사를 지배하려면 성채가

175

필요하다'라고 했다.

그래서 그들은 자신들이 지배한 도시의 원활한 통치를 위해 도시 내에서 집안싸움을 벌이게 했다.

이러한 정책은 이탈리아가 어느 정도 세력 균형을 유지하고 있던 시대에는 효과가 있었지만, 오늘날에는 그 방식을 그대로 적용할 수 없다. 갈라치기 공작[分斷工作]이 좋은 결과를 낳지 않기 때문이다.

갈라진 도시는 외적이 다가오면 금세 빼앗기고 만다. 세력이 약한 쪽은 으레 외세와 통하고, 그 결과 강한 쪽도 외적에 대항할 수 없게 되기 때문이다.

베네치아 공화국은 이런 이유로 여러 지배 도시 안에 일부러 교황파와 황제파라는 두 개의 파벌을 키웠다.

유혈 참사가 되지는 않더라도 두 파의 대립은 강해지고, 시민들은 그 항쟁에 휘말려 그쪽에 정신을 빼앗기기에 베네치아를 상대로 단결하고 맞서지는 않을 것으로 생각한 것이다.

하지만, 베네치아의 의도대로 되지 않았다. 베네치아 군이 바이라 전투에서 패하자, 순식간에 일부 도시가 과감히 베네치아로부터의 영토 탈환에 나섰기 때문이다.

이 같은 갈라치기 수단은 군주의 약점을 보여주는 것과

같다. 강력한 군주 정치체제에서는 내부의 갈라치기 정책 따위는 파고들 여지가 없을 것이다.

평화로운 시대라면 갈라치기 공작을 통해 신민을 편안하게 지배할 수 있겠지만 일단 전쟁이 시작되면 이 정책은 전혀 도움이 되지 않는다.

난제를 '명성의 계기'로 삼다

군주들은 반복되는 고난이나 자신들에 대한 적대행위를 극복할 때 비로소 위대한 존재가 된다.

그래서 운명의 여신이 새로운 군주를 거물로 만들고자 할 때는 그들의 적을 등장시켜 전쟁을 강요한다. 새로운 군주에게 이를 극복할 기회를 주고, 적이 가져온 '사다리'를 이용해 점점 위로 올라갈 수 있도록 하는 것이다.

많은 사람이 생각하는 것처럼 현명한 군주는 기회가 되면 교묘하게 적을 만들어 그것을 타도함으로써 자신의 위대함을 더욱 높이려 한다.

군주들, 특히 새 군주들은 자신이 그 자리에 올랐을 때만 해도 의심스러워 보였던 인물들이 처음부터 신뢰했던 사람들보다 충성심이 깊고 도움이 된다는 것을 깨닫는다.

예를 들어 시에나의 군주 판돌포 페트루치는 처음에는 미심쩍어하던 인물들과 함께 나라를 다스렸다.

다만, 각각 사정이 다르므로 그것을 일반화할 수는 없다. 다만 이것만은 말할 수 있다. **군위에 오른 후 처음에는 자신에게 적개심을 품은 사람들도 머지않아 보신을 위해 군주에게 의존할 수밖에 없게 되므로 그들을 자기편으로 끌어들이기는 쉽다.** 더구나 그들은 그때까지 품고 있던 불온한 의심을 실제 행동으로 무마할 필요가 있기에 군주에게 그만큼 충성심을 보이려 한다.

즉, 마음 놓고 군주를 섬기면서 군주의 이해에 별로 관심을 두지 않게 된 사람들로부터 훨씬 더 큰 이익을 끌어낼 수 있는 것이다.

잊지 말아야 할 것은 새로운 나라를 얻었을 때 그 나라 내부의 사람들을 자기편으로 만들어냈다면 그 지원자가 어떤 동기로 우리 편으로 들어오게 되었는지를 잘 생각해야 한다는 점이다.

새 군주에 대한 자연스러운 경애 때문이 아니라 원래의 나라에 불만이 있어서라면 그들을 자기편으로 두는 데는 어려움이 없을 것이나, 그들은 머지않아 부담스러운 존재가 될 것이다. 왜냐하면 새 군주도 그들의 기대에 부응할 수 없기 때문이다.

고금의 일들을 보면 원래의 나라에 불만을 느끼고 있었기 때문에 새 군주에게 호의를 베풀어 정복에 도움을 준 사람들을 편으로 두는 것보다는 원래의 나라에 만족하고 새 군주를 적대시하던 사람들을 편으로 만드는 것이 훨씬 쉽다는 것을 알 수 있다.

대중의 미움을 사지 않는 것이 '최선의 보루'

군주는 보통 국가의 안전을 생각하며 성채를 쌓아왔다. 반란을 기도하는 자를 제압하고 적에게 급습당했을 때 안전한 피난처를 확보하기 위해서다.

옛날부터 사용되어 온 수단으로 성채를 쌓는 방법은 나도 칭찬한다. 하지만 현대에는, 예를 들면, 니콜로 비텔리 공은 나라를 지키기 위해서 굳이 치타 디 카스텔로의 두 개의 보루를 파괴했다.

우르비노 공 귀도바르드도 과거 체자레 보르지아에 쫓겨난 옛 영토로 돌아오자마자 그 지역의 성을 철저히 파괴했다. 성채만 없으면 다시는 나라를 빼앗기지 않을 것으로 생각했기 때문이다.

벤티볼리오 가문 사람들이 볼로냐로 돌아왔을 때도 그랬다. 즉, 성채는 때로는 도움이 되지만 때로는 해롭다. 그래서 다음과 같이 정리할 수 있다.

외적보다 자기 나라의 백성을 두려워하는 군주는 성을 쌓아야 하지만 백성보다 외적을 두려워하는 자는 성채가 없는 게 낫다. 프란체스코 스포르차는 밀라노에 성을 쌓았는데, 이 성이 스포르차 가문 사람들에게 있어서 정치 체제의 미비보다 큰 재앙이 되었다[성이 있다는 사실에 안심하고 정권 운영의 안정을 과신했다].

따라서 **최선의 보루가 있다면 그것은 민중의 미움을 사지 않는 것**이다. 어떤 성을 쌓더라도 백성들의 미움을 받으면 그 성은 군주를 지킬 수 없게 된다. 민중이 봉기하면 으레 이를 지원할 국외 세력이 몰려드는 것이다.

현대에서, 성채가 군주에게 도움이 된 예라면 남편 지로라모 백작이 살해당했을 때의 포를리 부인 정도일 것이다. 그녀는 성채 덕분에 백성들의 기습을 피해 밀라노의 구원을 기다려 지배권을 빼앗았다. 당시만 해도 국외 세력이 민중의 지원에 달려들 수 있는 상황이 아니었기 때문이다.

그러나 이후 체자레 보르지아의 공격을 받고 대적하는

180

민중이 국외 세력과 연합하자 그녀에게 성채는 거의 도움이 되지 않았다.

성채를 쌓는 것보다 민중의 미움을 사지 않는 편이 포를리 부인에게도 훨씬 안전했을 것이다.

이와 같이 나는 성을 쌓는 자나 성을 쌓지 않는 자 모두 칭찬하지만, 성을 너무 믿고 백성들의 미움을 사는 것에 무관심한 사람은 비난받아야 한다고 생각한다.

제21장 ||

'인심'을 얻는 법

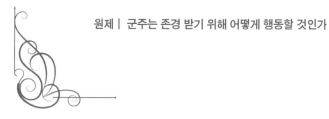

원제 | 군주는 존경 받기 위해 어떻게 행동할 것인가

군주가 존경받기 위해서는 무엇보다 큰 사업을 하고 자신이 본을 보여야 한다. 현대에는 스페인 왕인 아라곤 가문의 페르난도를 예로 꼽을 수 있다.

'큰 계획'을 대담하게 즉단한다

약소국의 군주에 불과했던 페르난도는 명성과 영광을 얻음으로써 기독교국 최고의 국왕이 됐다. 페르난도의 행동을 보면 모두 규모에 있어 월등한 차이를 보였다.

즉위하자마자 그라나다를 공격했는데, 이 일이 왕국의 기초를 마련했다. 그는 처음에는 조심스럽게 일을 진행함으로써 의심으로 방해받지 않았다. 그리고 카스티야[이베리아반도 중앙부]의 봉건 영주들이 전쟁에 정신이 팔려 국내에서 반란을 일으킬 생각을 하지 못하게 한 것이다. 그 사이 페르난도는 그들이 눈치채지 못하는 사이 명성을 얻고 실권을 쥐었다.

또한 로마교회의 재력과 백성들의 돈으로 군대를 봉양하였으므로 이 긴 전쟁을 통해 자신의 군대 기반을 다질 수 있었고, 그 군사력이 후에 그의 영광을 높였다.

더 큰 사업에 착수할 수 있도록 종교를 이용해 광신적인 잔학행위를 자행하고 말라니[어쩔수 없이 기독교로 개종한 유대인] 들을 추방하고 그 재산을 약탈했다.

이보다 더 아프고 희한한 예는 없을 것이다.

이어 페르난도는 같은 구실로 아프리카를 공격해 이탈리아에서 군사작전을 벌였고, 급기야 프랑스도 공격했다.

이렇게 그는 늘 큰 사업을 계획하고 실행해 나갔다. 그럴 때마다 신민들은 흥분하고 감탄하며 그의 성공에 매료되었다. **그는 사람들이 냉정해져 대응책을 생각할 여유를 주지 않도록 이러한 사업을 잇달아 벌렸다.**

중립이 아니고 '적인지 아군인지' 명확히 한다

내정에서의 유례없는 실례를 보여주는 것도 군주에게는 큰 도움이 될 것이다.

밀라노의 베르나보 공은 좋은 일이든 나쁜 일이든 누군가 특별한 일을 벌였을 때는 자못 화제가 될 법한 이례적인 방식으로 그 인물을 칭찬하거나 처벌했다고 한다.

하물며 군주라면 모든 행동에서 자신이 얼마나 위대하고 탁월한 인물인지 보여주도록 노력해야 한다.

또 군주는 진정한 편 혹은 진정한 적이 될 때, 즉 **한쪽 편을 들고 다른 쪽에 대적한다는 자세를 분명히 함으로써 사람들로부터 존경을 받는다. 그것은 중립적인 태도를 보이는 것보다 훨씬 좋은 결과를 초래한다.**

가령 인근의 두 유력 인사가 한판 대결을 벌일 때 어느 한쪽이 승리한다. 그 승자는 당신에게 두려운 존재가 되거나 그렇지 않거나 둘 중 하나다. 전자의 경우 미리 입장을 밝히지 않았다면 당신은 반드시 승리자의 먹잇감이 된다. 지는 쪽도 처한 정황에서 잠시 마음을 풀 수도 있다.

그리고 당신은 누군가에게 보호를 요청할 명분도 없고,

몸담을 곳도 없게 된다. 왜냐하면 **승자는 역경이 닥쳤을 때 도와주지 않은 자 편을 들고 싶어 하지 않으며, 패자도 무기를 들고 자신들과 운명을 같이하려 하지 않은 자는 받아들일 리 없기 때문이다.**

과거 안티오코스는 아이톨리아인의 요청으로 로마인을 몰아내기 위해 그리스를 침공했다.

이때 안티오코스는 원래 로마군 편이던 아카이아인들에게 사절을 보내 중립을 지키라고 했다. 반면 로마군은 아카이아인들에게 자신들을 위해 무기를 들어달라고 설득했다.

이 문제는 아카이아인 평의회에서 논의되기로 했는데 안티오코스 사절이 회의장에서 중립을 권하자 로마 사절은 이렇게 반박했다.

"그들은 전쟁에 개입하지 않는 것이 유익하다고 하지만 이 주장은 제군의 이익을 철저히 무시한 것이다. 중립노선을 취하면 너희는 어느 누구에게도 감사나 존경도 얻지 못하고 그저 승리자의 먹잇감이 될 뿐이다."

이처럼 자기 편이 아닌 자가 중립을 요구해 오거나 무

기를 들고 일어나라고 다그치는 일은 언제든지 일어날 수 있다. 그때 결단력이 부족한 군주는 당장의 위기를 피하려 중립의 길을 택하는 경우가 많다. 그러면 대부분 군주가 망한다.

반대로 군주가 용감하게도 한쪽 편에 서겠다고 태도를 밝힐 경우 가세하는 편이 승리하면 그 승자가 강력해져 승자의 뜻대로 될 수밖에 없더라도 그는 당신에게 은혜를 입었기에 우호 관계를 맺을 수 있다. **인간이란 자기 편이 된 자를 억압하고 배은망덕한 본보기가 될 만큼 불성실하지는 않다.**

애초에 승리를 잡았다고 해도 어떤 배려도 필요 없고, 더우기 정의에 대해 배려하지 않아도 되는 완벽한 승리란 있을 수 없는 것이다.

가세한 자가 질 때에도 그는 당신을 영입하고 가능한 한 도울 것이다. 나중에 다시 운명이 호전될 때는 이익을 나누는 관계가 될 것이다.

'안전한 길'은 안전하지 않다

두번째의 경우는, 싸우고 있는 둘 중 어느 쪽이 이기든

186

당신이 두려워하는 상대가 아니라면 어느 쪽에 가세할지에 대해서는 신중할 필요가 있다.

현명하다면 서로 도움이 필요한 쪽을 도와 다른 쪽을 친다. 당신의 도움 없이는 승리할 수 없었기 때문에 도움을 받은 사람은 당신의 뜻대로 될 수밖에 없다.

여기서 주의해야 할 것은 **군주가 자신보다 강력한 자와 손을 잡고 제삼자에게 공격을 가하는 것은 불가피한 경우에 한한다**는 점이다. 설령 승리를 거두더라도 그 강력한 자의 포로가 될 뿐이기 때문이다.

군주란 될 수 있는 한 남의 뜻대로 되는 상황은 피해야 한다.

그 옛날 베네치아인들은 프랑스와 동맹을 맺고 밀라노 공과 대결했는데, 이 동맹은 피하려고 하면 피할 수 있었던 것이었는데도 결국 제 무덤을 파고 말았다.

그러나 교황과 스페인이 롬바르디아 지방을 공격하기 위해 군대를 보냈을 때 피렌체 공화국이 압박받았듯이 동맹을 피할 수 없는 상황에서는 군주는 앞서 말한 이유로 어느 한쪽과 손을 잡아야 한다.

어떤 국가도 항상 안전책만 선택할 수 있다고 생각해서는 안 된다. 오히려 항상 위험한 쪽을 택해야 한다고 생각해야 한다.

한 가지 불편을 피하려고 하면 반드시 또 다른 불편을 겪는 것이 세상의 이치이다. 사려 깊음은 여러 가지 불편한 상황을 알아내고 가장 피해가 적은 것을 선택하는 것이다.

집단에 '안정감'을 준다

나아가 **군주는 재주가 뛰어난 자를 존경하고 자신이 재능 있는 인물을 아낀다는 것을 보여주어야 한다.**

시민들이 상업, 농업, 그 외 어떤 직업이든 각자 마음 놓고 일에 종사할 수 있도록 격려해야 한다. 그들이 군주에게 거론될까 봐 자신들의 재산을 감추거나, 과중한 세금이 무서워 거래를 삼가지 않도록 배려해야 한다.

그 밖에도 기특한 마음씨를 가진 자나, 자신의 도시나 국가를 어떻게든 번영시키고 싶어 하는 자들에게는 포상을 준비해야 한다.

아울러 한 해의 적당한 시기에 축제나 행사를 치러 백성들의 마음을 사로잡는 것도 중요하다. 어떤 도시든 동업조합이나 지구로 나뉘어져 있으므로 각각의 집단을 고려하여 때로는 회합에 직접 참여해 너그러운 인간성과 아량을 보여준다.

그러면서도 군주로서의 위엄은 항상 유지해 결코 훼손되는 일이 없도록 해야 한다.

제22장

'측근'으로 등용할 사람

원제 | 측근 고르기

군주에게 측근을 선택하는 것은 중요하며, 측근의 좋고 나쁨은 전적으로 군주의 사려 깊음에 달려 있다.

군주가 어느 정도 두뇌의 소유자인지를 가늠하려면 그 측근을 보면 된다. 그들이 유능하고 성실하다면 그 군주는 현명하다. 군주는 그들의 유능함을 간파하고 충성을 지키게 할 수 있기 때문이다. 반대로 측근이 무능하다는 것은 군주가 인선에 실수한 것이므로 그 군주에게는 좋은 평가를 줄 수 없다.

'보상'과 '책임'을 준다

예를 들어 시에나의 군주 판돌포 페트루치 공의 재상 안토니오 다 베나프로를 아는 사람은 누구나 이 인물을 측근으로 선택했으니 판돌포는 극히 뛰어난 군주라고 평가할 것이다.

대략 인간의 두뇌에는 세 가지 종류가 있다.

첫째는 자신의 힘으로 이해하는 것, 둘째는 다른 사람의 생각을 듣고 판단하는 것, 셋째는 자신의 힘으로 생각하지 않고 다른 사람의 의견도 이해하려고 하지 않는 것이다.

첫 번째 두뇌가 가장 뛰어나고, 두 번째 두뇌도 뛰어나지만, 세 번째는 무능하다.

전술한 판돌포는 첫 번째는 아니고 두 번째에 속한다. 자신은 창의성이 부족하지만 다른 사람 언행의 좋고 나쁨을 판단해야 할 때, 예를 들어 측근의 행동을 판단할 때는 좋은 행동은 칭찬하고, 나쁜 행동은 바로잡을 수 있었기 때문이다.

그렇게 되면 측근들은 군주를 속이려 하지 않고 충실하게 행동한다.

그렇다면 군주는 어떤 식으로 측근의 능력을 분별할 수 있을까?

확실한 구분법이 있다. 측근이 군주보다 먼저 자신을 생각하고 모든 행동에서 자신의 이익을 추구하고 있다면 결코 좋은 측근이라 할 수 없고, 마음을 놓아선 안 된다. 왜냐하면 나랏일을 하는 인물은 자기 자신보다는 항상 군주를 먼저 생각해야 하고, 군주와 상관없는 일에 몰두해서는 안 되기 때문이다.

군주는 군주로서 측근이 충성심을 갖도록 그를 배려하고, 명예를 높이며, 삶을 풍요롭게 하고, 은혜를 베풀며, 명예와 책임을 나누어 주어야 한다. 이렇게 해서 군주 없이는 자신도 존재하지 않는다는 것을 알게 하는 것이다.

크게 명예를 높여주는 것은 더 이상의 명예를 바라지 않게 하기 위함이고, 엄청난 부는 더 이상의 부를 바라지 않게 하기 위함이며, 막대한 책무는 정변을 두려워하게 하기 위함이다.

위와 같은 측근과 군주라면 서로 신뢰할 수 있다. 그렇지 않으면 항상 어느 한쪽에게 나쁜 결과가 초래될 것이다.

제23장 ||

누구의 의견은 듣고
누구의 의견은 버릴 것인가

원제 | 아첨꾼을 피하는 법

본 장에서는 군주가 매우 사려 깊거나 뛰어난 인선을 하지 않고서는 피할 수 없는 중대한 문제에 대해 언급하고자 한다. 궁정에서 흔히 볼 수 있는 군주에게 아부하는 자들의 문제이다.

인간은 자신에 관해서는 평가가 후하고 치켜세워지면 바로 속아 넘어가기 때문에 아첨꾼이라는 재앙으로부터 스스로 보호하기 어렵다. 그런 사람을 피하려고 하면 경멸을 초래할 위험도 있다.

애초에 이 문제를 피하려면 군주는 진실을 들어도 절대

화내지 않는 인물이라는 인식을 심어줘야 한다. 그런데 누구나 군주에게 진실을 말해도 상관없다고 하면 이번에는 군주에 대한 존경심이 사라진다.

귀담아들어야 할 상대는 누구인가

그렇다면 사려 깊은 군주는 제3의 길을 택해야 한다. 즉, **국내에서 현인을 골라내고 그들에게만 진실을 말할 자유를 주는** 것이다.

더구나 군주가 질문한 것에 대해서만 대답하게 하고 다른 것은 말하지 못하게 한다.

군주는 여러 가지 일에 대해 그들에게 질문하고, 의견을 듣고 난 후 혼자서 결정을 내려야 한다.

게다가 개개인의 조언자가 솔직하게 말할수록 자신의 조언이 받아들여진다는 것을 각자가 인지하도록 행동해야 한다.

또 그들 이외에는 누구의 말에도 귀를 기울이지 말고, 군주 자신이 결단한 것을 추진하여 관철해야 한다.

이런 방식을 취하지 않으면 아첨하는 자들에 의해 파멸하거나 여러 의견이 나올 때마다 생각을 바꾸게 되고, 그렇게 되면 군주의 평판은 땅에 떨어질 수밖에 없다.

이와 관련하여 현대의 실례를 하나 소개한다.

현 황제 막시밀리안의 심복인 루카 사제[루카 리날디]는
황제의 인품을 이렇게 말하고 있다.

> "황제는 누구에게도 조언을 구하려 하지 않았고, 그러면서
> 무엇 하나 스스로 판단하지도 않았다."

이는 황제가 앞서 말한 방법과 반대로 한 결과이다. 사
실 막시밀리안은 무엇이든 비밀로 하고 자신의 계획을
아무에게도 밝히지 않았으며 누구의 의견도 듣지 않으
려 했다.

하지만 막상 실행에 옮기려고 하면 그 계획이 알려져
주변 사람들로부터 다른 의견만 나와 쉽게 계획을 철회해
버린다.

오늘 시작한 일을 내일이면 파기하는 등 그가 도대체
무엇을 원하고 무엇을 계획하고 있는지 아무도 알 수 없
게 된다.

이리하여 황제의 결단이란 믿을 수 없는 것이 된다.

조언을 요청하는 방법,
조언을 가려내고 수용하는 방법

　따라서 군주는 항상 다른 사람의 의견을 들어야 하지만, 그것은 어디까지나 자신이 원할 때이고 **누군가가 말하고 싶을 때마다 귀를 기울이는 것이 아니다.** 오히려, 군주가 질문하지 않는 한 군주에게 조언하려는 마음을 갖지 않도록 해야 한다.

　또한 군주는 폭넓고 다양한 것을 질문할 때 인내심을 갖고 경청해야 한다. 누군가를 배려해서 진실을 말하지 않을 때는 제대로 화를 내야 한다.

　현명한 군주[名君, 명군]가 되는 것은 본인의 자질 때문이 아니라 측근에 좋은 조언자가 있는 덕이라고 말하는 사람도 많지만, 이는 분명 잘못된 것이다. 왜냐하면, 다음과 같은 흔들림 없는 일반 원칙이 있기 때문이다.

　즉, 현명하지 못한 군주[昏君, 혼군]는 다른 사람의 의견을 잘 듣지 못한다. 다만 극히 사려 깊은 측근이 있어 그 사람에게 정무의 모든 것을 맡기는 경우는 별개다. 이 경우에는 확실히 잘 되겠지만 오래가지는 않을 것이다. 왜냐하면, 정무를 맡은 유능한 인물은 머지않아 군주의 권력을 빼앗기 때문이다.

그렇다고 현명하지 못한 군주가 여러 사람에게 조언을
구하면, 하나로 정리된 조언은 얻을 수 없고, 그것을 스스
로 정리할 수도 없다. 게다가 조언자는 각자 자신의 이익
을 먼저 생각하기 때문에 군주는 그들의 의견을 어떻게
수정하고 어떻게 이해해야 할지 모르게 된다.

조언자가 사리사욕을 추구하는 것은 어찌 보면 당연하
다. 인간은 필요에 따라 충성을 다할 것이고, 그렇지 않으
면 군주에게 해로운 존재가 될 것이다.

따라서 결론은 이렇다.

좋은 조언은 누구의 것이든 군주의 사려깊음에서 나
오는 것이지, 좋은 조언에서 군주의 사려깊음이 나오는
것은 아니다.

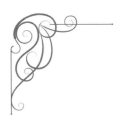

제**24**장 ||

'나라를 빼앗긴 자'의 공통점

원제 | 이탈리아 군주들이 영토를 잃은 이유

지금까지 이야기한 것을 신중히 지킨다면 새 군주도 옛
군주와 다르지 않다.

오히려 옛 군주보다 자신의 지위를 공고히 할 수 있다.
새 군주는 세습 군주보다 일거수일투족 주목을 받으므로
역량이 있다는 것이 알려지면 오래된 혈통의 지배 군주보
다 민심을 얻기가 훨씬 수월하고 민중과의 유대를 돈독히
할 수 있기 때문이다.

인간은 과거의 일보다 현재의 일에 몰두한다. 현재가
행복하면 순간을 즐기고 다른 것은 바라지 않는다. 그뿐

만 아니라 새 군주가 다른 실정을 저지르지 않는다면 어떻게든 군주를 지키려 할 것이다.

이처럼 새 군주가 새 국가를 세우고 좋은 법과 좋은 군대를 갖추며 모범을 보여 나라의 힘을 강화한다면 그 영광은 이중으로 빛난다고 해도 과언이 아니다.

반대로 군주로 태어났는데도 사려심이 부족해 나라를 잃으면 이중으로 명예가 실추된다.

고요한 날에 '폭풍'을 예상한다

이탈리아의 나폴리 왕이나 밀라노 공처럼 나라를 빼앗긴 군주를 살펴보면 공통된 결함을 발견할 수 있다.

첫째, 앞서 논한 원인 중 하나가 군사적 약점이다.

다음으로, 그들 중 한 사람은 민중을 적으로 돌렸고, 다른 한 사람은 민중을 자기편으로 끌어들이기는 했지만, 둘다 귀족의 야심으로부터 자신을 보호할 방법은 없었다.

이런 결점만 없다면 전쟁터에 군대를 보낼 수 있을 만큼 강력한 국가를 빼앗기는 일은 없을 것이다.

알렉산드로스의 아버지가 아닌 티투스 퀸크티우스[공화정 로마의 정치가, 군인]에게 패한 마케도니아 왕 필리포스는 공격해 온 로마나 그리스에 비하면 광활한 영토를 가진 것도 아니다.

그럼에도 몇 년 동안 적의 공격을 견뎌낼 수 있었던 것은 그가 타고난 군인으로 민심을 얻고 귀족을 억누를 방책을 터득했기 때문이다.

필리포스는 마지막에는 몇몇 도시의 지배권을 빼앗기기는 했지만 왕국을 지켜냈다.

따라서 오랜 세월 권좌에 있던 이탈리아의 군주들이 끝내 나라를 빼앗겼다고 해서 그 책임이 운명에 있는 것은 아니다. 비난받아야 할 것은 군주의 태만이다.

고요한 날에 폭풍에 대해 생각하지 않는 것은 인간 공통의 약점이지만, 군주들 역시 평온한 시대에 이 평온이 깨지는 것은 전혀 생각하지 않으려 했다.

이후 역경이 닥치면 도망칠 생각만 하고 자국의 방위는 엄두도 내지 못했다.

그리고 언젠가는 백성들이 새로 정복한 지배자의 횡포에 염증을 느껴 자신을 다시 부르기만을 기대했다.

달리 방법이 없다면 이 방책도 어쩔 수 없지만, 그것에만 의지해 다른 방책을 생각하려 하지 않은 것은 완전히 잘못된 것이다.

누군가가 부축할 것을 기대하고 자진해서 쓰러지는 일은 하지 말아야 한다. 일단 누군가가 도와주는 일은 좀처럼 없다. 있다고 해도 그런 방책은 비겁하고 자력에 바탕을 두지 않는 이상 안전책이 될 수 없다.

즉, 자기 자신과 자신의 역량에 기초한 방위만이 훌륭하고, 확실하며, 오래가는 것이다.

제25장

성공에서의 '시대'와 '운'

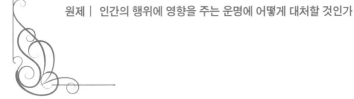

원제 ‖ 인간의 행위에 영향을 주는 운명에 어떻게 대처할 것인가

세상일은 운명과 신이 결정하기에 인간이 아무리 머리를 써도 방향을 바꾸는 것은 물론이거니와 대책조차 세울 수 없다. 지금이나 옛날이나 많은 사람이 그렇게 생각해 왔다.

이에 따르면 무슨 일이든 고생을 사서 할 필요는 없고, 운명이 하는 대로 맡겨두면 된다는 것이 된다.

특히 현대는 인간의 상상을 초월한 격변이 나날이 일어나고 있는 만큼 이런 생각은 더욱 설득력이 있다. 확실히, 격동을 떠올리면, 나도 그 의견에 귀가 솔깃하다.

그러나 인간의 자유의지가 없어지지 않는 만큼 인간이 하는 행위의 절반을 운명의 여신이 지배하고 있다고 해도, **적어도 나머지 절반 혹은 절반 가까이는 우리 자신이 통제하도록 맡겨진 것**이 진실이 아닐까.

강이 범람하기 전에 '제방'을 쌓는다

운명의 여신은 재앙을 몰고 오는 하천에 비유된다. 강은 화가 나면 범람하여 평야를 침수시키고 수목과 건물을 쓰러뜨려 한쪽의 땅을 깎아 건너편으로 옮겨 버린다. 사나운 강을 앞에 두면 누구나 도망치고, 속수무책 그 맹위에 굴복하고 만다.

하천은 때로는 이렇지만 평온할 때 둑이나 제방을 쌓아 대비할 수 있다. 물이 불어나면 운하로 흘러 들어가게 하는 등 격류가 파괴적인 피해를 일으키지 않도록 할 수는 있다.

운명도 마찬가지다. **운명이 맹위를 떨치는 곳은 그에 저항할 힘이 생기지 않은 곳에서이며, 제방이나 보가 없는 곳이라야 그 위력을 발휘한다.**

이러한 격변의 진원지라고 할 수 있는 이탈리아를 잘

살펴보면, 그곳은 제방도 보도 없는 벌판에 지나지 않는다는 것을 알게 된다.

이탈리아에 독일, 스페인, 프랑스와 같은 적절한 대비가 있었다면 홍수도 작금의 격변을 가져오지 않았을 것이다. 혹은 홍수 자체가 일어나지 않았을지도 모른다.

여기까지, 운명에 대해 일반적으로 어떻게 대처하면 좋을지 충분히 설명했다고 생각한다.

그런데 개개의 사례를 따져보면, 성질이나 자질은 아무것도 변하지 않았는데, 오늘까지 더없이 융성한 군주가 다음날 망해 버리는 일이 자주 일어난다는 것을 알 수 있다. 바로 앞에서 언급한 것이 그 이유이다.

즉 하나부터 열까지 운명에 의존하는 군주는 운명이 바뀌면 망하는 것이다.

'시대'에 맞는 자가 승자가 된다

자기 행동양식을 시대에 맞출 수 있는 자는 성공하고, 행동양식이 시대와 맞지 않는 자는 불행해진다.

인간은 영광이나 부와 같은 목표를 향해 갈 때 여러 행동양식을 보인다. 신중한 사람도 있고 대담한 사람도 있다. 어떤 사람은 폭력에 호소하고, 어떤 사람은 책략을 꾸민다. 어떤 사람은 인내심이 강하고, 어떤 사람은 그 반대이다. 한 사람 한 사람, 자신의 방식대로 목표에 도달하려고 하는 것이다.

그러나 용의주도한 두 사람 중 한쪽은 목표에 도달했는데 다른 한 사람은 달성하지 못했을 수도 있고, 신중한 방식을 취한 사람이나 대담하게 행동한 사람이나 똑같이 성공할 수도 있다.

즉, 다른 방식을 취해도 결과가 같거나 같은 방식으로 행동해도 결과가 다르거나 하는 것은 각각의 방식이 그 시대의 성격이나 시류와 맞았는지 아닌지에 있다.

또한 영고성쇠도 여기에 원인이 있다. 어떤 군주가 신중하게 인내심을 갖고 통치하고, 그것이 시대나 정세와 잘 맞으면 번영한다. 하지만 시대도 정세도 변화하면, 방식을 바꾸지 않는 한 쇠퇴해 버린다.

인간이란 타고난 본성에서 벗어나기 어렵고, 어떤 방식으로든 성공한 자는 좀처럼 그 방식을 버리기 어렵기 때문에 변화에 즉각적으로 대응할 수 있는 현명한 군주는 많지 않다. 신중한 사람은 대담하게 행동한다. 어쩔 줄 몰라 하다가 결국 망한다.

신중하기보다 '대담'하라

교황 율리우스 2세는 매사에 대담했지만 시대와 상황이 그의 방식에 맞았기에 괄목할 만한 성과를 거뒀다.

조반니 벤티볼리오 공이 아직 생존해 있을 무렵 율리우스가 볼로냐에 건 첫 번째 싸움을 떠올려보자. 그의 시도에 베네치아는 반대했고 스페인 국왕도 마찬가지였다. 프랑스와는 이 건으로 여러 차례 협의 중이었다.

그런 상황에도 불구하고 율리우스는 대담하게도 용맹하고 성급한 성격으로 원정을 떠났다. 교황의 이 행보로 스페인은 나폴리 전역을 되찾고 싶다는 생각에, 그리고 베네치아는 공포심에, 오도 가도 못하게 되었다[당시 나폴리의 일부(아드리아해 연안부)는 베네치아의 영토여서 스페인은 어떻게든 그것을 손에 넣어 나폴리 전체를 지배하고 싶어 했다].

그러면서도 교황은 프랑스를 끌어들였다. 프랑스 국왕은 베네치아를 약화하려고 교황을 자기편으로 두고 싶어 했고, 여기서 군대 파견을 거부하면 교황의 명예를 공공연하게 훼손하는 것이므로 지원을 거절할 수 없으리라는 것을 알았기 때문이다.

이리하여 율리우스 2세는 대담한 행동으로 지금까지의 교황이 아무리 예지를 번뜩여도 실현되지 않았던 일을 해냈다. 다른 교황이라면 협의가 마무리돼 만반의 준비를 마치고 로마에서 출발했겠지만 그렇게 했더라면 결코 성공하지 못했을 것이다. 이 경우 프랑스 국왕은 얼마든지 거절할 구실을 생각해 냈을 것이고, 다른 이들도 줄줄이 겁을 주었을 것이다.

율리우스 2세의 다른 행동에 대해서는 여기서 거론하지 않지만 어느 행동이나 모두 이와 비슷해서 모조리 성공했다. 짧은 재위 기간으로 율리우스는 이와는 반대의 경험 없이 끝났다. 신중한 행동이 필요한 시대가 되면 그 역시 타고난 성격을 버리지 못해 파멸의 길을 걸었을 것이다.

그래서 다음과 같은 결론이 도출된다.

운명은 변한다. 인간은 자신의 방식에 집착하기 때문에 운명과 맞을 때는 성공하지만, 그렇지 않으면 불행해진다.

그러나 나는 이렇게 판단한다. **신중하기보다는 대담한 편이 낫다.** 운명의 신은 여성이므로 정복하려면 때려눕히거나 들이받을 필요가 있다.

운명은 냉정한 행동을 하는 사람보다 대담한 사람을 따르는 경향이 있다.

운명은 여자와 같고 젊은이의 친구다. 젊은이들은 신중하지 못하고 거칠며 대담하게 여성들을 지배한다.

제26장 ||

어려울 때야말로 '전진'할 때

원제 | 이탈리아를 외적에서 해방하다

지금까지 논해 온 모든 것을 여기서 반추하며 나는 생각했다.

과연 현재의 이탈리아에 새로운 군주가 명성을 떨칠 수 있는 시대가 올까?

현명하고 사려 깊은 군주에게 명예를 가져다주고 이탈리아의 모든 백성에게 행복을 가져다주는 체제를 도입하는 데 바람직한 상황이 될까?

고찰한 결과, 새로운 군주에게 있어서 만사가 순탄하게 진행되고 행동을 개시하기에 지금만큼 적절한 시기는 없다고 생각된다.

앞서 말했듯이 모세의 유능함은 이스라엘 백성이 이집트의 노예였기에 드러났다.

키루스의 위대함은 메디아 백성들에게 억압받는 페르시아인들이 있었기에 드러났다.

테세우스의 탁월한 능력은 아테나이 사람들이 뿔뿔이 흩어져 있었기에 발휘될 수 있었다.

그렇다면 오늘날 이탈리아인의 역량을 미루어 알기 위해서는 이탈리아가 지금처럼 수렁에 빠져 이스라엘 백성 이상으로 노예 생활을 하고 페르시아인 이상으로 비굴해지고 아테나이인 이상으로 뿔뿔이 흩어져 지도자도 질서도 없는 상태에서 두들겨 맞고, 헐뜯기고, 짓밟히고, 온갖 파멸을 견디는 것이 필요하다.

필요에 의한 '싸움'만이 정의

어떤 인물[체자레 보르지아]에게 신이 이탈리아의 구제를 명하시는가 하는 한 줄기 빛이 비치는 일도 있었지만, 유감스럽게도 그 인물은 활동의 절정기에 운명의 버림을 받았다.

이렇게 숨이 끊어지려는 이탈리아는 상처를 치유하고 롬바르디아의 약탈과 나폴리 왕국과 토스카나의 강탈에 마침표를 찍고 오랜 세월 곪은 상처를 치료해 줄 인물을 애타게 기다리고 있다.

이탈리아는 야만적인 외적의 잔혹함과 횡포에서 해방해 줄 인물을 보내달라고 신에게 기도하고 있다. 깃발을 드는 자가 있다면 이탈리아는 따를 각오도 되어 있다.

오늘날 당신의 가족, 운과 역량을 겸비하여 신과 로마 교회의 은혜를 입고 구제의 지휘관이 될 영광스러운 일가 외에 이탈리아의 기대에 부응할 자가 어디 있겠는가. 이 책에서 언급된 사람들의 위업이나 삶의 방식을 잘 살피면 그리 어려운 일은 아닐 것이다.

그들은 좀처럼 없을 경탄할 만한 인물이긴 했지만, **그래도 역시 한 사람의 인간이었고, 어느 누구도 지금만큼 시대를 잘 타고난 것은 아니었다.** 그들의 위업과 비교해도, 이번만큼 정당하지도, 이처럼 쉽지도 않고, 당신만큼 신의 은총을 받은 것도 아니다. 이번에는 위대한 정의가 있다.

즉, **'필요에 처한 전쟁만이 정의이며, 그밖에 모든 소망이 없어질 때는 무력 또한 신성하다'**라는 것이다.

최대의 호기가 찾아오고 있다. 큰 호기가 있는 이상 당신들 가족이 먼저 지표가 되어 여기에 언급한 사람들의 방책을 취하는 한 큰 곤란은 없을 것이다.

거기에 더해 지금이야말로 신이 인도하는 귀한 기적이 일어나고 있다. 바다가 갈라지고 구름은 당신에게 길을 안내하며, 바위에 샘이 솟구치고, 하늘에서는 만나[신이 주시는 음식]가 쏟아져 모든 것이 당신의 위대함 아래 모여들고 있다.

이제 당신의 행동을 기다릴 뿐이다. 신이 모든 것을 행하지 않는 것은 인간의 자유의지나 인간에게 속한 영광의 일부를 가로채지 않기 위해서다.

모든 사업의 기초가 되는 것

먼저 언급한 이탈리아인같이 고귀한 당신 가족에게 기대하는 위업을 이루지 못했다고 해도 놀랄 만한 일은 아니다. 또 이탈리아의 군사력이 여러 변혁이나 전쟁으로 소멸 중인 것처럼 보인다고 해도 놀랄 일은 아니다.

이는 이탈리아의 낡은 제도가 옳지 않아 새로운 제도를 만들어낼 인물이 없기 때문이다.

새로 그 자리에 오른 군주에게 새로운 법을 만들고 새로운 제도를 확립하는 것만큼 큰 명예를 가져다주는 것은 없다. 법과 제도의 기초가 튼튼히 다져지고 훌륭한 성과를 거두면 새 군주는 사람들의 존경과 칭송을 받을 것이다. 게다가 이탈리아에는 어떤 형태도 도입할 수 있는 재료가 분명 존재한다.

여기서는 머리가 일하지 않아도 손발에 위대한 힘이 있다. 큰 결투나 작은 결투에서 이탈리아인이 힘과 민첩함, 또는 재기가 얼마나 뛰어난지 밝혀졌다.

그런데 군대가 되면 그 우월성을 볼 수 없게 된다. 이는 모두 지도자가 약하기 때문이다. 그도 그럴 것이 유능한 사람은 다른 사람에게 복종하고 싶어 하지 않고, 각자 자신이 유능하다고 생각하며, 지금까지 혼자서 사람들을 복종시킬 만큼 걸출한 인물이 나타나지 않았다.

그리하여 과거 여러 해 동안 많은 전투에서 군대 전체가 이탈리아인이면 결과가 좋지 않았다. 타로 전투를 비롯하여 알렉산드리아, 카푸아, 제노바, 바이라, 볼로냐, 메스트리, 모두 그러했다.

따라서 당신 가족이 일찍이 각 지역을 해방한 영웅들의 위업을 따르려 한다면 **무슨 일이 있어도 모든 사업의 기**

초인 자국군을 정비하는 것이 중요하다. 자국군보다 믿을
만하고 올바르며 우수한 병사는 없기 때문이다.

병사 개개인이 훌륭하고 군주의 지휘 아래 군주로부터
명예를 얻어 후대를 받았다면 군대 전체가 더 우수해질
것이다.

이탈리아인 본래의 역량을 가지고 외적으로부터 나라
를 지키기 위해서는 이러한 자력 군대의 정비가 필요하다.

기죽지 말고 '공격수단'을 생각하라

스위스나 스페인 보병대가 무섭다고 하지만 이들에게
도 저마다 결점이 있다. 제3의 군사 조직으로 그곳을 건드
리면 충분히 이들을 능가할 수 있을 것이다.

스페인 보병대는 기병대에 저항할 수 없고, 스위스 보
병대는 자신과 같은 정예 보병대와 부딪히면 기죽고 만
다. 실제로 스페인군은 자신들이 프랑스 기병대에 저항
할 수 없고 스위스군은 자신들이 스페인 보병대에 궤멸
한다는 것을 알고 있다.

후자의 경우 충분한 사례가 있었던 것은 아니고 단 한
번 라벤나 전투에서 그 예를 볼 수 있었다. 그때 스페인

보병대는 독일 부대와 교전을 벌였고, 독일 부대는 스위스군과 똑같은 전투 대형을 취하고 있었다. 스페인 보병대는 민첩한 몸과 작은 방패에 의지해 독일군 창 아래로 파고들며 그들을 공격해 꿈쩍도 못 하게 했다. 그때 기병대가 와서 스페인군을 덮치지 않았다면 독일군은 궤멸했을 것이다.

즉 양쪽 보병대의 약점을 각각 알고 있으면 기병대에도 대항할 수 있고, 심지어 보병대에도 기죽지 않는 새로운 군대를 조직할 수 있다. 이는 무기의 종류와 새로운 진형 구성으로 완성된다.

그리고 새로 조직이 생기면 그것이야말로 새 군주에게 명성과 위대함을 가져다줄 것이다.

그렇다면 이탈리아가 오랫동안 기다려온 구세주를 만날 수 있는 이 호기를 절대 간과해서는 안 된다.

그동안 여러 차례 외국의 침공에 시달렸던 이탈리아 각지의 민중이 각별한 애정, 보복에 대한 갈망과 충성심, 연민과 눈물로 구세주를 맞이할지는 말할 필요도 없다.

그에게 닫혀 있는 성문이 어디에 있겠는가. 그에 대한 충성을 거부하는 민중이 어디 있겠는가. 그에 대한 질투로 저항하는 자가 어디 있겠는가. 그에 대해 존경심을 갖지 않는 자가 어디 있을까.

외적의 지배는 누구에게나 악취처럼 끔찍하다. 그러므로, 명예로운 당신 가족이 정의로운 싸움에 나설 때의 용기와 희망을 품고 이 임무를 맡아 주었으면 한다.

그러면 당신이 내세우는 깃발 아래 조국이 명예를 되찾고 당신의 비호 아래 페트라르카가 한 말이 현실이 될 것이다.

미덕은 광포에 항거하여 무기를 잡을 것이다.
싸움은 조속히 끝날 것이다.
이탈리아 백성의 마음에
오랜 용맹이 지금도 남아 있는 한.

※

로마인과 함께,
로마인의 정신을 마음에 새기며

16세기 초 피렌체 교외의 산장에 은거한 남자가 있었다. 이른 아침부터 나무꾼들의 일을 둘러보고, 점심때가 되면 선술집에서 마을 사람들과 잡담하고 노름에 빠진다.

하지만, 남자는 밤이 되면 정장을 입고 옛사람의 책을 펴서 읽는다.

이 남자는 어릴 때부터 라틴어를 배워 상인 아버지의 장서에서 고대 그리스·로마 시대의 서적과 친하게 지냈다. 특히 고대의 역사가 리비우스의 책에는 마음에 끌리는 내용이 있었던 것 같다.

그 무렵의 피렌체는 인문주의 풍조가 만연했고, 대부호 메디치 가문의 저택에는 인문학자나 예술가가 몰려들었다. 하지만, 고전의 교양을 독학으로 익힌 남자는 그러한 정통파의 모임에서 한데 어울리지는 않았다.

1498년 관리로 채용된 남자는 동시대 권력자의 실상을 속속들이 알 기회가 많았다. 그뿐만 아니라 약소국인 피렌체 공화국이 쓰러지고 메디치 가문이 지배한다. 그 와중에 반메디치파의 음모가 들통나 부지불식간에 말려들어 피해를 입는다. 다행히 메디치 가문 출신 교황이 나타나 축하 사면으로 풀려났다.

은거한 남자의 애독서는 리비우스작 《로마 건국 이래의 역사》이다. 옛사람 리비우스와 대화를 나누면서 남자는 로마인과 함께 살고, 로마인의 정신을 마음에 새기고 있었다.

공직에서 쫓겨 실의 속에 있는 남자에게 공화정 국가 로마에는 꿈을 펼칠 만한 것이 있다.

남자는 애독서를 가지런히 늘어놓으며 《디스코르시》를 썼다. 동시에 이탈리아의 장래를 걱정하고 있었다.

신흥국이 부상하고 있다는 소문이 돌자 절대 권력자가 통치하는 강국에 대한 몽상이 머리를 스친다. 불과 반년도 안 돼 남자는 《군주론》을 완성했다고 한다.

남자의 이름은 마키아벨리(1469~1527), 후에 이 책으로 유명해지는 정치 사상가이다. 로마 공화정에 마음을 두고 독재정치를 혐오했을 터였다. 그 인물이 어떻게 강권 찬미의 책을 집필할 수 있었을까?

거기에 현실주의라는 마키아벨리 사상의 핵심이 있는지도 모른다. 하지만, 마키아벨리의 마음속 깊은 곳에 로마인의 교훈이 살아 숨쉬고 있었던 것은 틀림없다.

'마키아벨리즘'이라는 말에서 무엇을 떠올릴 수 있을까. 정치를 도덕에서 분리하고, 그것은 때로 냉혹하기도 하며 목적을 위해서는 수단을 가리지 않는 권모술수라는 것 아닐까.

분명히 마키아벨리는 《군주론》에서 정치를 하는 자는 때로는 냉담해야 한다고 말한다.

- **군주라면 냉혹하다는 등의 악평에 전혀 개의치 말아야 한다/** 잔인한 인물로 소문난 체자레 보르지아였지만 그 냉혹함이 지배 영토인 로마냐 지방의 질서를 회복시킨 것이다.

- **가해행위는 단번에 해치우지 않으면 안 된다/** 정복자는 정복에 수반되는 가해행위를 결연히 단번에 하는 것

이 좋다. 그런 다음에 은혜를 조금씩 베풀면 되는 것이다.

- **운명은 여신이기 때문에 그녀를 정복하기 위해서는 때려눕히고 들이받을 필요가 있다**/ 여신은 강한 자를 좋아하므로 신중하고 냉정한 삶의 방식을 가진 사람보다는 과감히 돌진하는 사람에게 복종한다.

- **운명의 여신은 새로운 군주를 거물로 만들려고 할 때 일부러 그들에게 적을 만들어 싸움을 강요한다**/ 평온무사하면 기회는 돌아오지 않는다. 눈앞에 닥친 냉엄한 적대관계야말로 실은 호기다.

- **대중은 항상 겉모습만 보고, 또 사건의 결과로 판단해 버린다**/ 생각이 짧은 대중은 외모와 결과에 집착하기 쉽다. 군주가 전쟁에서 이기고 국력이 있으면 가끔 자행되는 비도덕은 간과되고 만다.

- **선행을 베푼다고 큰소리치는 사람은 다수의 나쁜 사람 속에 있으면 파멸할 수밖에 없다**/ 인간이 살아가는 모습을 보고도 오해하거나 착각해 현실의 모습을 간과한다면 결국은 일신의 파멸로 귀결할 수 있다. 군주가 자신을 보호하고 싶다면 악인이 될 필요가 있다.

이렇게 보면 마키아벨리가 피도 눈물도 없는 철저한 현

실주의자로 여겨지는 것도 이상할 게 없다.

하지만 그는 정의와 자비를 무익한 것으로 치부하지는 않는다. 그렇다기보다는 후세의 도의에 반하는 말만 강조되어 반도덕 사상의 꼬리표만 붙은 것은 아닐까.

이는 또 하나의 주요 저서 《디스코르시》를 읽으면 잘 알 수 있다. 이 책은 고대 역사가 리비우스의 《로마 건국 이래의 역사》를 읽는 중에 집필되었다.

이탈리아 통일을 바라는 처지에서 보면 군주의 강권은 도리에 맞는다고 여겨질지도 모른다. 하지만, 국가는 위정자만으로 이루어져 있는 것은 아니다. 민중의 지지 없이는 건전한 국가가 지속될 수 없는 것이다.

그러므로 《군주론》이 지도자의 관점에서 권력과 질서의 안정을 가져올 방법을 말한다면 《디스코르시》는 '좋은 시민'에 호소하는 것 같다.

예를 들어 '평화로운 시대에는 더욱 그러하지만, 타락한 국가 중에 뛰어나게 우수하고 걸출한 인물이 있다면 이 인물의 의견은 질투나 다른 의도 때문에 다른 사람들로부터 적대시되기 때문'이라는 지적이 있다. 어딘가, '정의가 실현되려면 어떤 전망을 할 수 있을까'라는 생각이 숨어있다.

또, '인간이 취할 수 있는 무엇보다 지혜로운 태도 중 하나는 상대방에 대해 위협적인 언사를 내뱉거나 모욕하는 말을 결코 입에 담지 않도록 삼가는 것으로 생각한다'라고도 지적한다. 여기에는 민중의 건전한 판단력에 대한 기대가 담겨 있는 것은 아닐까.

군주국이든 공화국이든 국가의 대다수는 민중이다.

마키아벨리는 의연한 엘리트 남자가 아니다. 오히려 변두리 술집에서 잡담을 나누는 것이 어울렸다.

이처럼 허물없고 통속적인 면이 있는 남자에게 있어 민중에게 말을 거는 것은 자연스러운 일이었을지도 모른다.

이는 《군주론》 속에서는 자취를 감추고 있지만 독자들의 마음속 어딘가에 머물러 있기를 바란다.

모토무라 료지/ 도쿄대 명예교수

부록

하루의 전략을 세우는 5분!

출근길
군주론

016 민중은 귀족으로부터 명령을 받거나 억압받는 것을 싫어하고 귀족은 민중에게 명령하고 억압하기를 원한다. 89

017 백성은 수가 많아 백성을 적으로 삼으면 안심할 수 없지만, 상대가 귀족이라면 소수이기 때문에 보통 안심이 된다. 90

018 귀족의 후원으로 백성의 뜻을 거스르고 군주가 된 자는 무엇보다 먼저 백성의 마음을 사로잡아야 한다. 인간은 해를 끼칠 것으로 생각했던 사람으로부터 혜택을 받으면 더 큰 은혜를 느끼게 된다. 즉, 자신들이 지지하여 군주의 자리에 오른 자보다 그렇지 않은 군주에 대해 더 호의적이다. 군주는 백성들을 자기편으로 만들어야 하며, 그렇지 않으면 역경에 빠졌을 때 속수무책이 된다. 92

019 현명한 군주는 언제 어떤 상황에서도 시민들에게 지금의 군주와 정권이 꼭 필요하다고 느끼게 하는 방안을 마련해야 한다. 95

020 인간이란 받은 은혜에 대해서도, 베푼 은혜에 대해서도 의무를 느끼는 법이다. 100

021 용병은 야심은 많으나 규율이 없고 신뢰할 수 없으며, 아군 앞에서는 용감해 보이지만 적 앞에서는 겁쟁이가 되고, 신을 두려워하지 않으며, 인간에 대해서는 불성실하다. 108

022 군주는 전장에 나가 지휘관이 되어야 한다. 110

226

023 원군은 그 자체는 도움이 되지만 불러들인 자에게는 큰 화근이 된다. 그들이 패배하면 자신도 멸망하고, 반대로 승리하면 그들의 포로가 되고 말 것이기 때문이다. 117

024 용병이 더 위험해지는 것은 그들이 무기력할 때이고, 외국 원군의 경우에는 그들이 유능할 때다. 119

025 다른 나라의 병력을 빌려 얻은 승리 따위는 진정한 승리가 아니라고 생각하고, 제삼자의 힘으로 이길 바에야 혼자 힘으로 지는 게 낫다. 119

026 자신의 힘을 기반으로 하지 않은 권력자의 명성은 연약하고 믿을 것이 없다. 123

027 군주가 군사보다 사치스러운 생활에 마음을 돌리면 틀림없이 나라를 잃는다. 125

028 무력을 갖지 않으면 여러 가지 폐해가 일어나지만, 가장 심각한 폐해는 타인에게 경멸받는다는 것이다. 126

029 해야 할 일을 중시한 나머지 현실에서 이루어지는 일을 외면하는 자는 자신의 존속보다 파멸에 대해 배우는 것과 같다. 매사에 선한 일을 행하려는 자는 선하지 못한 자들 속에서는 파멸할 수밖에 없기 때문이다. 132

로부터 존경을 받는다. 그것은 중립적인 태도를 보이는 것보다 훨씬 좋은 결과를 초래한다. 승자는 역경이 닥쳤을 때 도와주지 않은 자 편을 들고 싶어 하지 않으며, 패자도 무기를 들고 자신들과 운명을 같이하려 하지 않은 자는 받아들일 리 없기 때문이다. 184

048 군주가 자신보다 강력한 자와 손을 잡고 제삼자에게 공격을 가하는 것은 불가피한 경우에 한한다. 187

049 군주는 재주가 뛰어난 자를 존경하고 자신이 재능 있는 인물을 아낀다는 것을 보여주어야 한다. 188

050 군주가 어느 정도 두뇌의 소유자인지를 가늠하려면 그 측근을 보면 된다. 190

051 군주는 군주로서 측근이 충성심을 갖도록 그를 배려하고, 명예를 높이며, 삶을 풍요롭게 하고, 은혜를 베풀며, 명예와 책임을 나누어 주어야 한다. 192

052 현명하지 못한 군주가 여러 사람에게 조언을 구하면 하나로 정리된 조언은 얻을 수 없고 그것을 스스로 정리할 수도 없다. 게다가 조언자는 각자 자신의 이익을 먼저 생각하기 때문에 군주는 그들의 의견을 어떻게 수정하고 어떻게 이해해야 할지 모르게 된다. 현명한 군주[名君, 명군]는 본인의 자질 때문이 아니라 측근에 좋은 조언자가 있는 덕이다. 좋은 조언은 누구의 것이든 군주의 사려깊음에서 나오는 것이지 좋은

조언에서 군주의 사려깊음이 나오는 것은 아니다.

인간은 과거의 일보다 현재의 일에 몰두한다.

운명이 맹위를 떨치는 곳은 그에 저항할 힘이 생기지 않은 곳에서이며, 제방이나 보가 없는 곳이라야 그 위력을 발휘한다.

자기 행동양식을 시대에 맞출 수 있는 자는 성공하고, 행동양식이 시대와 맞지 않는 자는 불행해진다. 인간이란 타고난 본성에서 벗어나기 어렵고, 어떤 방식으로든 성공한 자는 좀처럼 그 방식을 버리기 어렵기 때문이다.

신중하기보다는 대담한 편이 낫다.

필요에 의한 전쟁만이 정의이며, 그밖에 모든 소망이 없어질 때는 무력 또한 신성하다

무슨 일이 있어도 모든 사업의 기초인 자국군을 정비하는 것이 중요하다.

왜 다시 《군주론》인가?

역사상 가장 논쟁적인 책, 지난 500년간 세계의 지도자들이 손에서 놓지 않았던 책, '리더의 원칙'을 정립한 가장 완벽한 고전, 세계에서 가장 위험한 인생철학, 악마의 책, 최초의 근대 정치 교과서, 교황청이 금서로 정했으나 수많은 권력자가 남몰래 읽었던 책, 인간 본성에 관한 고찰을 담은 정치철학의 고전, 미국 외교 전략과 정책 수립의 근거가 된 책, 나폴레옹을 비롯해 전 세계 혁명가들에게 큰 영향을 준 책, 독재자 무솔리니의 박사 학위 주제, 〈타임〉과 〈뉴스위크〉가 선정한 '세계 100대 도서', 하버드·옥스퍼드·MIT·서울대 등 세계 명문대학이 선정한 필독서… 등등이 니콜로 마키아벨리의 《군주론》을 수식하는 말이다.

이를 뒷받침하듯이 철학자 헤겔은 "《군주론》은 대단히 위대하고 고결한 심정을 갖춘, 참으로 정치적이면서, 더할 나위 없이 뛰어나고 진실로 가득한 착상"으로 평가했으며, 프랜시스 베이컨은 "우리는 인간이 해야 할 일이 아니라 인간이 하고 있는 일을 숨김없이 밝혀낸 마키아벨리 같은 저술가에게 큰 신세를 졌다"라고 고백하기도 했다. 또, 러셀은 "마키아벨리는 잔혹한 수법을 신념에 따라 옹호한 것이 아니다. 그는 자신의 탐구 영역을 핵물리학자가 자신의 연구 영역을 대하듯이 선악을 떠나 대하고 있다"라며 《군주론》에 대한 세간의 부정적 시각에 대해 재고를 요하고 있다.

이처럼, 후세의 다양한 평가와 함께하면서 《군주론》은 지난 500년 동안 전 세계적으로 수많은 판본이 출판되어 각국의 위대한 지도자들에게 영감을 주었고, 리더의 자리에 오르기 위해 자기 계발을 추구하는 이들에게는 인생의 지침서가 되었다.

우리나라도 마찬가지. 《군주론》이 처음 소개된 이후 끊임없이 독자를 재생산하며 여전히 출판계의 블루칩으로 회자한다.

그런데, 500년 전 유럽의 한 정치인이 쓴 책이 21세기 우리에게 여전히 유효할까?

대답은 "Yes!"다. 글로벌시대 무한 경쟁 속에서 살아남기 위해 애쓰는 젊은이들, 때늦은 이념 논쟁으로 두 쪽으로 갈라져 국가의 성장과 발전 동력을 허비하는 한국 사회, 특히 상생과 소통이 없는, 독선과 불통이 만연한 정치 현실이 이 책을 소환한다.

예를 들어 보자.

500년 전에 저자가 설파한, "갈라치기 수단은 군주의 약점을 보여주는 것(176p)"이라는 말은 오늘날 우리 사회와 정치의 단면을 확연하게 드러내면서 무언의 경고를 보낸다.

"사람들은 '피스토이아[이탈리아 중부 토스카나주의 도시. 1530년 피렌체에 공식 합병되었다]를 지배하려면 파벌 싸움이, 피사를 지배하려면 성채가 필요하다'고 했다. 그래서 원활한 통치를 위해 도시 내에서 집안싸움을 벌이게 했다. 이러한 정책은, 이탈리아가 어느 정도 세력 균형을 유지하고 있던 시대에는 효과가 있었지만, 그 방식을 그대로 적용할 수 없다. 갈라치기 공작[분단공작, 分斷工作]이 좋은 결과를 낳지 않기 때문이다. 갈라진 도시는 외적이 다가오면 금세 빼앗기고 만다. 세력이 약한 쪽은 으레 외세와 통하고, 그 결과 강한 쪽도 외적에 대항할 수 없게 되기 때문이다."

또, 지도자가 반드시 갖춰야 할 덕목인 '조언을 요청하는 방법, 조언을 가려내고 수용하는 방법(196p)'에 관해서는 다음과 같이 설파한다.

"군주는 폭넓고 다양한 것을 질문할 때 인내심을 갖고 경청해야 한다. (중략) 현명한 군주[名君, 명군]가 되는 것은 본인의 자질 때문이 아니라 측근에 좋은 조언자가 있는 덕이라고 말하는 사람도 많지만, 이는 분명히 잘못된 것이다. (중략) 현명하지 못한 군주[昏君, 혼군]가 여러 사람에게 조언을 구하면 하나로 정리된 조언은 얻을 수 없고, 그것을 스스로 정리할 수도 없다. 게다가 조언자는 각자 자신의 이익을 먼저 생각하기 때문에 군주는 그들의 의견을 어떻게 수정하고 어떻게 이해해야 할지 모르게 된다. (중략) 좋

은 조언은 누구의 것이든 군주의 사려깊음에서 나오는 것
이지, 좋은 조언에서 군주의 사려깊음이 나오는 것은 아니
다."

'혼군(昏君)은 거부하고, 명군(名君)은 소통한다'는 세간
의 말과 같이 군주 스스로 변하지 않으면 주변에 좋은 조언
자를 두기 어렵고, 독선과 불통이 이어지면서 결국 파국으로
치닫게 된다고, 500년 전에 이미《군주론》은 경고하고 있는
것이다.

한편,《군주론》은 책을 쓸 당시 이탈리아의 복잡한 정세를
이해하는 데 필요한 본문 속 수많은 각주로 인해 동서양을
떠나 현대 독자들에게는 접근이 어려워 "제목은 알지만 끝
까지 읽어본 사람은 드문 책"으로 불리기도 하는데, 그 점을
고려해 독자들이 쉽게 접근할 수 있도록 한 것이《술술 읽히
는 군주론》의 장점이며 지향이자 미덕이다.

자고로 백성이 없는 군주는 존재하지 않는다. 따라서,《군
주론》은 '제왕학'이면서 결국은 '백성론'이라고 할 수 있다.
이 책을 통해 바쁜 현대인들이 '출근길 5분'을 투자해 전략
을 세우고, 군주(→정치인·자본가와 같은 권력자, 기득권자)
가 아니라 바로 자신이 세상의 '진짜 주인'임을 깨달으며 나
날이 거듭나기를 고대한다. 우리 시대의 진짜 주인이 누구인
지를 묻는 책, 그 답을《군주론》안에서 확인할 수 있다.

—편집자

술술 읽히는 군주론
新譯 君主論

초판 1쇄 발행   2024년 8월 8일
초판 2쇄 발행   2024년 8월 15일

지 은 이   니콜로 마키아벨리
엮 은 이   세키네 미츠히로
옮 긴 이   이지은
펴 낸 이   김채민

펴 낸 곳   힘찬북스
출판등록   제410-2017-000143호
주   소   서울특별시 마포구 망원로 94, 301호
전화번호   02-2272-2554   팩스번호   02-2272-2555
전자우편   hcbooks17@naver.com
—
ISBN 979-11-90227-47-6 03190